40 Minutos DE ESTUDIO BÍBLICO

PROGRAMA DE
ESTUDIO
EN 6 SEMANAS

MINISTERIOS
PRECEPTO
INTERNACIONAL

DISTRACCIONES FATALES:

VENCIENDO

TENTACIONES

DESTRUCTIVAS

**KAY ARTHUR
DAVID &
BJ LAWSON**

Distracciones Fatales: Venciendo Tentaciones Destructivas
Publicado en inglés por WaterBrook Press
12265 Oracle Boulevard, Suite 200
Colorado Springs, Colorado 80921
Una división de Random House Inc.

Todas las citas bíblicas han sido tomadas de la Nueva Biblia Latinoamericana de Hoy;
© Copyright 2005
Por la Fundación Lockman.
Usadas con permiso (www.lockman.org).

ISBN 978-1-62119-018-9

Copyright © 2013 por Ministerios Precepto Internacional

Todos los derechos son reservados. Ninguna parte de esta publicación puede reproducirse, traducirse, ni transmitirse por ningún medio electrónico o mecánico que incluya fotocopias, grabaciones o cualquier tipo de recuperación y almacenamiento de información sin permiso escrito del editor.

Precepto, Ministerios Precepto Internacional, Ministerios Precepto Internacional Especialistas en el Método de Estudio Inductivo, la Plomada, Precepto Sobre Precepto, Dentro y Fuera, ¡Más Dulce que el Chocolate! Galletas en el Estante de Abajo, Preceptos para la Vida, Preceptos de la Palabra de Dios y Ministerio Juvenil Transform son marcas registradas de Ministerios Precepto Internacional

2013 – Edición Estados Unidos

CONTENIDO

Cómo usar este estudio v

Introducción: Distracciones Fatales:
Venciendo Tentaciones Destructivas 1

Primera Semana: El orgullo:
Tropezando con nosotros mismos 5

Segunda Semana: La ira:
"¡Yo no tengo problemas de ira!" 23

Tercera Semana: Los celos:
"Lo que es tuyo debería ser mío" 37

Cuarta Semana: La gula:
"¡Quiero comer más!" 51

Quinta Semana: La pereza:
"Lo haré mañana" 69

Sexta Semana: La avaricia:
Perseguir más de lo suficiente 83

CÓMO USAR ESTE ESTUDIO

Este estudio bíblico inductivo está dirigido a grupos pequeños interesados en conocer la Biblia, pero que dispongan de poco tiempo para reunirse. Resulta ideal, por ejemplo, para grupos que se reúnan a la hora de almuerzo en el trabajo, para estudios bíblicos de hombres, para grupos de estudio de damas o para clases pequeñas de Escuela Dominical (también es muy útil para grupos que se reúnan durante períodos más largos—como por las noches o sábados por la mañana—que sólo quieran dedicar una parte de su tiempo al estudio bíblico; reservando el resto del tiempo para la oración, comunión y otras actividades).

El presente libro ha sido diseñado de tal forma que el propio grupo complete la tarea de cada lección al mismo tiempo. La discusión de las observaciones, extraídas de lo que Dios dice acerca de un tema en particular, les revelará impactantes y motivadoras verdades.

Aunque se trata de un estudio en grupo y participativo, resulta necesaria la intervención de un moderador para que dirija al grupo—alguien quien procure que la discusión se mantenga activa (la función de esta persona no es la de un conferenciante o maestro; sin embargo, al usar este libro en una clase de Escuela Dominical o en una reunión similar, el maestro deberá sentirse en libertad de dirigir el estudio de forma más abierta; brindando observaciones complementarias, además de las incluidas en la lección semanal).

Si eres el moderador del grupo, a continuación encontrarás algunas recomendaciones que te ayudarán a hacer más fácil tu trabajo:

- Antes de dirigir al grupo, revisa toda la lección y marca el texto. Esto te familiarizará con su contenido y te capacitará para ayudarles con mayor facilidad. La dirección del grupo te será más cómoda si tú mismo sigues las instrucciones de cómo marcar y si escoges un color específico para cada símbolo que marques.

- Al dirigir el grupo comienza por el inicio del texto leyéndolo en voz alta según el orden que aparece en la lección; incluye además los "cuadros de aclaración" que podrían aparecer después de las instrucciones y a mitad de las observaciones o de la discusión. Motívales a trabajar juntos la lección, observando y discutiendo todo cuanto aprendan. Y, al leer los versículos bíblicos, pide que el grupo diga en voz alta la palabra que estén marcando en el texto.
- Las preguntas de discusión sirven para ayudarte a cubrir toda la lección. A medida que la clase participe en la discusión, te irás dando cuenta que ellos responderán las preguntas por sí mismos. Ten presente que las preguntas de discusión son para guiar al grupo en el tema, y no para suprimir la discusión.
- Recuerda lo importante que resulta para la gente el expresar sus respuestas y descubrimientos; pues esto fortalecerá grandemente su entendimiento personal de la lección semanal. Por lo tanto, ¡asegúrate que todos tengan oportunidad de contribuir en la discusión semanal!
- Procura mantener la discusión activa, aunque esto pudiera significarles pasar más tiempo en algunas partes del estudio que en otras. De ser necesario, siéntete en libertad de desarrollar una lección en más de una sesión; sin embargo, recuerda evitar avanzar a un ritmo muy lento, puesto que es mejor que cada uno sienta "que deseen más"- a que se retiren por falta de interés.
- Si las respuestas del grupo no te parecen adecuadas, puedes recordarles cortésmente que deben mantenerse enfocados en la verdad de las Escrituras; su meta es aprender lo que la Biblia dice, y no el adaptarse a filosofías humanas. Sujétense únicamente a las Escrituras, y permitan que Dios sea quien les hable ¡Su Palabra es verdad! (Juan 17:17).

DISTRACCIONES FATALES: VENCIENDO TENTACIONES DESTRUCTIVAS

Si eres cristiano, ya has tomado la decisión más importante de tu vida: ¡Has rendido tu vida a Cristo! Pero probablemente hayas descubierto que la vida cristiana no está libre de problemas. Y sí, aunque tienes al Espíritu Santo morando en ti para proveerte de guía y fortaleza, todavía luchas por vivir de la manera en que sabes que deberías vivir. Esto se debe a que estás luchando contra dos enemigos: Satanás y tú mismo. Tu naturaleza fue cambiada cuando conociste a Cristo y Él puso Su Espíritu a morar en ti (1 Juan 4:13). Pero el Espíritu mora en un cuerpo de carne, y ésta es la razón por la cual te encuentras luchando por hacer lo correcto.

De manera general, todos cometemos actos pecaminosos. Pero puede que hayas notado que hay ciertos pecados que parecieran ser más problemáticos para ti. Algunas veces nos encontramos luchando con ciertos patrones o hábitos de pecado específicos – comportamientos en los que caemos cuando tratamos de satisfacer nuestras necesidades independientemente de Dios. La fuente de esa lucha se conoce como *los deseos de la carne* o *la forma de ser del viejo hombre*. Y si vivimos en la carne, en lugar de en el Espíritu, estos pecados habituales nos distraerán de nuestra búsqueda de justicia—de Dios; pudiendo entorpecer, literalmente, nuestro crecimiento espiritual y evitar que maduremos en nuestro viaje con Cristo.

La iglesia primitiva identificó una cantidad específica de "pecados capitales" – pecados de los cuales creían que la mayoría de los demás pecados se originaban. Los padres de la iglesia nombraron siete pecados que son tan corruptos, malvados y peligrosos que durante los últimos mil setecientos años, han sido comúnmente llamados los siete pecados capitales-mortales. Y en realidad son mortales – mortales para nuestro crecimiento espiritual. Es por eso que nosotros los llamamos *Distracciones Fatales*.

En este estudio identificaremos y discutiremos seis de estos siete pecados mortales, los cuales pueden distraerte de alimentar tu relación con Dios y, de no ser controlados, podrían ser fatales para tu caminar espiritual: *orgullo, ira, celos, gula, pereza* y *avaricia*. (Decidimos omitir el séptimo pecado de lujuria, porque ya tenemos múltiples estudios bíblicos acerca del problema del pecado sexual, incluyendo *La verdad acerca del sexo* y el estudio de 40 Minutos *¿Qué dice la Biblia acerca del sexo?*)

Mientras aprendemos más con respecto de estas distracciones fatales, durante las siguientes semanas, te motivamos a que le pidas a Dios que te ayude a identificar, a través de Su Espíritu Santo, las sutiles maneras en que uno o más de estos pecados pueden haber invadido tu vida; y que te ayude a vencer estas destructivas tentaciones, a fin que puedas caminar en victoria con Él.

PRIMERA SEMANA

De todos los pecados que pueden distraernos de vivir efectivamente para Jesús, el orgullo es uno de los más insidiosos; puesto que tuerce nuestra perspectiva de los buenos dones de Dios, somos entonces tentados a creer que cualquier éxito o bendición nos llega a través de nuestros propios esfuerzos o depende de nuestras propias habilidades. El orgullo desvía nuestro enfoque de Dios, y la vida gira en torno a nosotros, nuestros logros y objetivos.

Esta semana al considerar lo que Dios dice acerca del orgullo, la primera de nuestras seis distracciones fatales, examina cuidadosamente tu vida buscando algún indicio de si esta fatal distracción ha echado raíz en tu corazón.

OBSERVA

Comencemos observando a Uzías, un hombre cuya vida ilustra la manera en que el orgullo se filtra en nuestros pensamientos.

Líder: Lee en voz alta 2 Crónicas 26:3-5.
- *Pide al grupo que diga en voz alta y dibuje un rectángulo alrededor de cada referencia a **Uzías**, incluyendo los pronombres:* ▭

Al leer el texto, es útil pedir al grupo que diga las palabras clave en voz alta a medida que las van marcando. De esta manera estarán seguros de haber marcado todas las apariciones de esa palabra, incluyendo cualquier palabra o frase sinónima. Mantente haciendo esto a lo largo de todo el estudio.

2 Crónicas 26:3-5

³ Uzías tenía dieciséis años cuando comenzó a reinar, y reinó cincuenta y dos años en Jerusalén. El nombre de su madre era Jecolías, de Jerusalén.

⁴ Uzías hizo lo recto ante los ojos del Señor, conforme a todo lo que su padre Amasías había hecho.

⁵ Y persistió en buscar a Dios durante los días

de Zacarías, quien tenía entendimiento por medio de la visión de Dios; y mientras buscó al SEÑOR, Dios le prosperó.

DISCUTE
- ¿Qué aprendiste acerca del rey Uzías en este pasaje?

- ¿Cuál era su enfoque primordial?

2 Crónicas 26:16-21

¹⁶ Pero cuando llegó a ser fuerte, su corazón se hizo tan orgulloso que obró corruptamente, y fue infiel al SEÑOR su Dios, pues entró al templo del SEÑOR para quemar incienso sobre el altar del incienso.

¹⁷ Entonces el sacerdote Azarías entró tras él, y con él ochenta sacerdotes del SEÑOR, hombres valientes,

¹⁸ y se opusieron al rey Uzías, y le dijeron: "No le corresponde a

OBSERVA

Luego de describir cómo Uzías fue "ayudado prodigiosamente" por Dios y fortalecido hasta que "su fama se extendió hasta muy lejos" (26:15), la Biblia nos describe un cambio en la vida de Uzías.

Líder: Lee 2 Crónicas 26:16-21 en voz alta.
Pide al grupo que diga en voz alta y...
- *dibuje un rectángulo alrededor de cada referencia a **Uzías**, incluyendo sus pronombres.*
- *Marque la palabra orgulloso con una **O**.*

DISCUTE
- ¿Qué aprendiste acerca de Uzías en este pasaje?

- El versículo 16 comienza con la palabra *pero*, la cual señala el inicio de un contraste. ¿Qué contraste observaste entre estos versículos y el pasaje anterior que leíste?

- ¿Cuándo se volvió orgulloso Uzías? ¿Cómo afectó su orgullo su comportamiento?

- Discute lo que hizo mal, según el versículo 18, y cómo se relaciona eso con el problema del orgullo.

- ¿Qué nos sugiere el versículo 19 en relación a la extensión del problema del rey Uzías con el orgullo?

usted, Uzías, quemar incienso al Señor, sino a los sacerdotes, hijos de Aarón, que son consagrados para quemar incienso. Salga del santuario, porque usted ha sido infiel y no recibirá honra del Señor Dios."

[19] Pero Uzías, con un incensario en su mano para quemar incienso, se llenó de ira; y mientras estaba enojado contra los sacerdotes, la lepra le brotó en la frente, delante de los sacerdotes en la casa del Señor, junto al altar del incienso.

[20] Y el sumo sacerdote Azarías y todos los sacerdotes lo miraron, y él tenía lepra en la

8   Distracciones Fatales: Venciendo Tentaciones Destructivas

frente; y lo hicieron salir de allí a toda prisa, y también él mismo se apresuró a salir, porque el Señor lo había herido.

- ¿Nos indican estos versículos que Uzías se arrepintió? Explica tu respuesta.

²¹ El rey Uzías quedó leproso hasta el día de su muerte, y habitó en una casa separada, ya que era leproso, porque fue excluido de la casa del Señor. Y su hijo Jotam estaba al frente de la casa del rey gobernando al pueblo de la tierra.

- La distracción de Uzías fue sutil, casi indetectable. El orgullo echó raíz en el corazón de Uzías y finalmente creció hasta ser una rebelión absoluta. Si alguna vez encontraras esa misma actitud en tu propia vida, ¿qué harías?

OBSERVA

Consideremos otro rey en el Antiguo Testamento que cayó también en la tentación del orgullo. Dios había salvado al rey Ezequías y a Jerusalén del ejército asirio; entonces hubo mucha gente que trajo regalos al Señor y a Ezequías – tantos que otras naciones se dieron cuenta de su exaltación. Veamos lo que sucedió después.

Líder: *Lee 2 Crónicas 32:24-26 en voz alta.*
Pide al grupo que diga en voz alta y...
- *Dibuje un rectángulo alrededor de cada referencia a **Ezequías**, incluyendo sus pronombres.*
- *Marque con una **O** cada vez que encuentre las palabras **orgulloso** y **orgullo**.*

DISCUTE
- ¿Qué aprendiste acerca de Ezequías en el versículo 25?

- ¿Cuáles fueron las consecuencias resultantes de su actitud y acciones?

- ¿Su respuesta a la disciplina de Dios, de qué manera fue diferente a la del rey Uzías?

- ¿Cuál fue el resultado de la respuesta de Ezequías?

---

2 Crónicas 32:24-26

24 En aquellos días Ezequías cayó enfermo de muerte; y oró al Señor, y El le habló y le dio una señal.

25 Pero Ezequías no correspondió al bien que había recibido, porque su corazón era orgulloso; por tanto, la ira vino sobre él, sobre Judá y sobre Jerusalén.

26 Pero después Ezequías se humilló, quitando el orgullo de su corazón, tanto él como los habitantes de Jerusalén, de modo que no vino sobre ellos la ira del Señor en los días de Ezequías.

10   Distracciones Fatales: Venciendo Tentaciones Destructivas

Proverbios 8:13

El temor del Señor es aborrecer el mal. El orgullo, la arrogancia, el mal camino y la boca perversa, yo aborrezco.

Proverbios 6:16-19

¹⁶ Seis cosas hay que el Señor odia, y siete son abominación para Él:

¹⁷ Ojos soberbios, lengua mentirosa, manos que derraman sangre inocente,

¹⁸ Un corazón que trama planes perversos, pies que corren rápidamente hacia el mal,

¹⁹ Un testigo falso que dice mentiras, y el que siembra discordia entre hermanos.

OBSERVA

Ya hemos visto que Dios no permite que el orgullo pase desapercibido. Veamos qué más podemos aprender acerca de Su perspectiva sobre este pecado.

Líder: *Lee en voz alta Proverbios 8:13; 6:16-19 y Santiago 4:6.*

- *Pide al grupo que diga en voz alta y marque con una **O** cada referencia al orgullo, incluyendo los sinónimos como **arrogancia** y **soberbios**.*

DISCUTE

- ¿Qué dice el Señor acerca del orgullo en estos pasajes?

OBSERVA

La Biblia es bastante clara en su descripción del orgullo y en sus advertencias contra los peligros que éste trae. Revisemos algunos versículos más para ver qué podemos aprender acerca de esta distracción fatal.

Líder: Lee en voz alta los siguientes pasajes: Proverbios 16:5; 21:24; Romanos 12:16; 1 Co. 13:4; 2 Ti. 3:1-2, 5 y 1 Juan 2:16.
- Pide al grupo que diga en voz alta y marque cada referencia a **orgullo**, incluyendo sinónimos como **altivo, arrogante, escarnecedor** y **soberbios**, con una **O**.

DISCUTE
- ¿Qué aprendiste acerca del que es orgulloso en estos versículos?

Santiago 4:6
Pero Él da mayor gracia. Por eso dice: "Dios resiste a los soberbios pero da gracia a los humildes."

Proverbios 16:5
Abominación al SEÑOR es todo el que es altivo de corazón; ciertamente no quedará sin castigo.

Proverbios 21:24
"Altivo," "arrogante" y "escarnecedor," son los nombres del que obra con orgullo insolente.

Romanos 12:16
Tengan el mismo sentir (pensar) unos con otros. No sean altivos en su pensar, sino condescendiendo con los humildes. No sean sabios en su propia opinión.

1 Corintios 13:4

El amor es paciente, es bondadoso. El amor no tiene envidia; el amor no es jactancioso, no es arrogante.

2 Timoteo 3:1-2, 5

[1] Pero debes saber esto: que en los últimos días vendrán tiempos difíciles.

[2] Porque los hombres serán amadores de sí mismos, avaros, jactanciosos, soberbios, blasfemos, desobedientes a los padres, ingratos, irreverentes,

[5] teniendo apariencia de piedad (religión), pero habiendo negado su poder. A los tales evita.

1 Juan 2:16

Porque todo lo que hay en el mundo, la pasión de la carne, la pasión de los ojos, y la arrogancia de la vida (las riquezas), no proviene del Padre, sino del mundo.

OBSERVA

¿Qué le sucederá al que es orgulloso?

Líder: *Lee en voz alta Proverbios 15:25; 16:18 y Lucas 1:51-52.*
- *Pide al grupo que diga en voz alta y marque cada ocurrencia de las palabras **soberbios**, **orgullo** y **arrogancia** con una **O**.*

DISCUTE
- ¿Qué le sucederá al orgulloso?

- ¿Quién llevará a cabo esto?

Proverbios 15:25
El Señor derribará la casa de los soberbios, pero afianzará los linderos de la viuda.

Proverbios 16:18
Delante de la destrucción va el orgullo, y delante de la caída, la arrogancia de espíritu.

Lucas 1:51-52
[51] Ha hecho proezas con Su brazo; ha esparcido a los soberbios en el pensamiento de sus corazones.

[52] Ha quitado a los poderosos de sus tronos; y ha exaltado a los humildes;

OBSERVA

La pretensión o los sentimientos de superioridad moral van de la mano con el orgullo. Los fariseos, por ejemplo, estaban orgullosos de su minuciosa atención al guardar la ley. Ellos eran extremadamente cuidadosos en cosas como los alimentos que comían y el ritual de lavarse las manos. Sin embargo, Jesús enseñó a Sus seguidores que las acciones externas importan menos que lo que está en nuestro corazón.

Marcos 7:20-23

Líder: Lee Marcos 7:20-23 en voz alta.

- *Pide al grupo que diga en voz alta y marque la palabra **orgullo** con una **O**.*

20 También decía: "Lo que sale del hombre, eso es lo que contamina al hombre.

21 Porque de adentro, del corazón de los hombres, salen los malos pensamientos, fornicaciones, robos, homicidios, adulterios,

22 avaricias, maldades, engaños, sensualidad, envidia, calumnia, orgullo e insensatez.

DISCUTE

- ¿Qué aprendiste acerca del orgullo en este pasaje?

- ¿Qué tipos de comportamiento asoció Jesús con el orgullo, y qué nos revela esto de la seriedad de este pecado?

OBSERVA

A través de Su ministerio, Jesús expuso las actitudes de superioridad de los fariseos (quienes se jactaban creyéndose más justos que los demás).

Líder: *Lee en voz alta Lucas 18:9-14. Pide al grupo que...*
- *dibuje un rectángulo alrededor de cada referencia a **fariseo**, incluyendo los pronombres.*
- *Marque cada referencia al **recaudador de impuestos**, incluyendo sus pronombres y la palabra **éste**, con un signo de dólar $*

DISCUTE

- ¿Qué aprendiste acerca del fariseo?

- ¿Qué aprendiste acerca del recaudador de impuestos?

Lucas 18:9-14

23 Todas estas maldades de adentro salen, y contaminan al hombre."

⁹ Dijo también Jesús esta parábola a unos que confiaban en sí mismos como justos, y despreciaban a los demás:

¹⁰ "Dos hombres subieron al templo a orar; uno era Fariseo y el otro recaudador de impuestos.

¹¹ El Fariseo puesto en pie, oraba para sí de esta manera: 'Dios, te doy gracias porque no soy como los demás hombres: estafadores, injustos, adúlteros; ni aun como este

recaudador de impuestos.

^{12} Yo ayuno dos veces por semana; doy el diezmo de todo lo que gano.'

^{13} Pero el recaudador de impuestos, de pie y a cierta distancia, no quería ni siquiera alzar los ojos al cielo, sino que se golpeaba el pecho, diciendo: 'Dios, ten piedad de mí, pecador.'

^{14} Les digo que éste descendió a su casa justificado pero aquél no; porque todo el que se engrandece será humillado, pero el que se humilla será engrandecido."

- ¿Qué diferencia(s) notaste entre los dos?

- Discute cómo el orgullo puede frenar el crecimiento espiritual de una persona.

- El orgullo hace que nos enfoquemos en nosotros mismos en vez de en Dios; y al igual que el fariseo, empezamos a vernos como más importantes. ¿Qué evidencia debemos buscar que pudiera indicarnos que el orgullo se ha convertido en un problema que necesitamos solucionar?

- Examínate a ti mismo: ¿cómo quién te comportas más – como el fariseo o como el recaudador de impuestos?

Primera Semana

OBSERVA

A la luz de la perspectiva de Dios sobre el orgullo, necesitamos saber cómo evitarlo – y cómo eliminar cualquier raíz de arrogancia que exista en nuestras vidas.

Líder: Lee en voz alta Proverbios 29:23; 1 Pedro 5:5-6; Filipenses 2:3-8 y Mateo 23:10-12. Pide al grupo que...

- *Marque cada referencia a **orgullo**, incluyendo sinónimos como **soberbios**, **vanagloria**, **se engrandece**, con una **O**.*
- *Dibuje una línea ondulada como ésta: ~~~~ bajo cada aparición de las palabras **humilde**, **humildad** y sus inferencias verbales.*

DISCUTE

- ¿Cómo es posible evitar o vencer el orgullo?

- Cuando se trata de vencer al orgullo, ¿qué tienen en común estos pasajes de las Escrituras?

Proverbios 29:23

El orgullo del hombre lo humillará, pero el de espíritu humilde obtendrá honores.

1 Pedro 5:5-6

⁵ Asimismo ustedes, los más jóvenes, estén sujetos a los mayores (los ancianos). Y todos, revístanse de humildad en su trato mutuo, porque Dios resiste a los soberbios, pero da gracia a los humildes.

⁶ Humíllense, pues, bajo la poderosa mano de Dios, para que El los exalte a su debido tiempo.

Distracciones Fatales: Venciendo Tentaciones Destructivas

Filipenses 2:3-8

³ No hagan nada por egoísmo o por vanagloria, sino que con actitud humilde cada uno de ustedes considere al otro como más importante que a sí mismo,

⁴ no buscando cada uno sus propios intereses, sino más bien los intereses de los demás.

⁵ Haya, pues, en ustedes esta actitud que hubo también en Cristo Jesús,

⁶ el cual, aunque existía en forma de Dios, no consideró el ser igual a Dios como algo a qué aferrarse,

⁷ sino que Se despojó a sí mismo tomando

- Busca la palabra *pero* en 1 Pedro 5:5-6. ¿Cuál es el contraste mostrado?

- ¿Qué instrucciones encontraste en estos versículos como una guía para tratar con el orgullo?

- ¿Qué hará Dios cuando sigamos estas instrucciones?

- Partiendo de todo cuanto hemos visto en la lección de esta semana, ¿has identificado áreas en tu propia vida donde se haya filtrado el orgullo? ¿De qué maneras, si alguna, se ha vuelto una distracción evitando que seas tan efectivo como podrías serlo en tu caminar con Cristo?

- Tal vez te hayas dado cuenta de que el orgullo ha invadido tu vida. ¿Qué debes hacer ahora para evitar que detenga o incluso mate tu crecimiento espiritual?

- Al humillarte a ti mismo bajo la mano de Dios estás diciendo "Él es Dios y yo no". Entonces reconoces que todo lo bueno en tu vida – todo lo que eres y todo lo que lograrás hacer – es un regalo de Él. Ahora bien, ¿estás listo en humildad para confiar en Él en cada área de tu existencia? ¿Estás dispuesto a someterte a Él?

forma de siervo, haciéndose semejante a los hombres.

[8] Y hallándose en forma de hombre, se humilló El mismo, haciéndose obediente hasta la muerte, y muerte de cruz.

Mateo 23:10-12

[10] Ni dejen que los llamen preceptores; porque Uno es su Preceptor, Cristo.

[11] Pero el mayor de ustedes será su servidor.

[12] Y cualquiera que se engrandece, será humillado, y cualquiera que se humille, será engrandecido.

FINALIZANDO

Dios ha dejado en claro que Él rechaza el orgullo:

> El temor del Señor es aborrecer el mal.
> El orgullo, la arrogancia, el mal camino
> Y la boca perversa, yo aborrezco. (Proverbios 8:13)

Él sabe el daño que el orgullo puede hacer a nuestras vidas y particularmente a nuestra relación con Él.

El orgullo es una de las armas de guerra favoritas de Satanás, porque hace que quitemos los ojos de Dios y los pongamos en nosotros mismos. Este pecado a menudo pasa desapercibido, y se presenta de maneras que parecen benignas; como enorgullecerse de las buenas cosas que Dios nos ha dado, de la familia, trabajo, influencia y éxito. De no controlarse, el orgullo puede cambiar nuestra actitud hacia Dios y debilitar nuestra relación con los demás.

El orgullo siempre pone demasiado énfasis en nosotros mismos. Nos tienta a creer que sabemos más que Dios y que podemos tener éxito separados de Él. El orgullo nos aísla de Dios y nos impide dedicarnos totalmente a Él. Esta distracción fatal mata nuestro crecimiento espiritual, evitando que seamos fructíferos al llevar a cabo Sus planes y propósitos para nuestras vidas.

En contraste, cuando escogemos vestirnos de humildad, reconociendo la autoridad y soberanía de Dios en nuestras vidas, Él nos usará y exaltará a Su manera y en Sus tiempos.

Esta semana:
- Pídele a Dios que examine tu corazón y te muestre si ha entrado algo de orgullo en él. Si Dios te muestra áreas de orgullo, reconócelas y confiésalas.

Esto podría resultarte difícil, porque con frecuencia el orgullo captura tanto el corazón que podrías rehusarte a admitir que hay un problema.
- Pide perdón a Dios por ser orgulloso (asegúrate de pronunciar explícitamente la palabra).
- Ora para que Dios te de la habilidad y fortaleza para dejar el orgullo (a veces Dios hace esto a través de la desilusión y el quebrantamiento. Pero recuerda que Él nos prueba para poder bendecirnos).
- Pide a Dios que te de discernimiento para detectar cuando el orgullo quiera entrar en tu vida.
- Recuerda de dónde vienes y qué tan lejos te ha traído el Señor. Reconoce tu total dependencia de Él, y agradécele por todo lo que Él ha hecho en tu vida.

SEGUNDA SEMANA

Vivimos en la era de la ira. Y en todos lados puede verse manifiesta: conducción agresiva, celebridades armando escenas escandalosas, padres peleando en los eventos deportivos de sus hijos, demandas desenfrenadas y más. Nuestra manera de hablar también está llena con el lenguaje de la ira: *¡Eso me da mucho coraje! ¡No tengo por qué aguantar esto! ¡¿Quién te crees que eres?!*

Esta semana vamos a considerar cómo los cristianos deberían manejar la ira en medio de una cultura que nos motiva a demandar justicia cuando las cosas no salen a nuestra manera.

DISCUTE

Líder: Pide al grupo que discuta brevemente sus observaciones acerca de la actual epidemia de ira.

ACLARACIÓN

La *ira* puede ser definida como "una hostilidad interna y profunda provocada por algo que nos desagrada".

OBSERVA

Los libros de "sabiduría" del Antiguo Testamento, particularmente Proverbios y Eclesiastés, conectan la sabiduría con la manera en que tratamos la ira.

Proverbios 19:11

La discreción del hombre le hace lento para la ira, y su gloria es pasar por alto una ofensa.

Proverbios 12:16

El enojo del necio se conoce al instante, pero el prudente oculta la deshonra.

Proverbios 14:29

El lento para la ira tiene gran prudencia, pero el que es irascible ensalza la necedad.

Eclesiastés 7:9

No te apresures en tu espíritu a enojarte, porque el enojo se anida en el seno de los necios.

Proverbios 29:8

Los provocadores agitan la ciudad, pero los sabios alejan la ira.

Líder: *Lee en voz alta los siguientes pasajes: Proverbios 19:11; 12:16; 14:29; Eclesiastés 7:9; Proverbios 29:8; 22:24-25 y 29:22.*

- *Pide al grupo que diga en voz alta y marque con una **I** cada referencia a **ira**, incluyendo sinónimos como **enojo**, **irascible**, **iracundo** y **violento**.*

DISCUTE

- Discute lo que aprendiste acerca de la ira en estos versículos.

- Algunos de estos versículos contrastan dos actitudes hacia la ira. Describe cada una y lo que revelan sobre las personas involucradas.

Segunda Semana

- ¿Cómo manejas las situaciones difíciles?

Proverbios 22:24-25

²⁴ No te asocies con el hombre iracundo, ni andes con el hombre violento,

²⁵ No sea que aprendas sus maneras y tiendas lazo para ti mismo.

- ¿Qué hay de tus amigos? ¿Algunos de ellos son violentos? Si es así, ¿cuál es el peligro que esa relación te trae, según Proverbios 22:24-25?

Proverbios 29:22

El hombre lleno de ira provoca rencillas, y el hombre violento abunda en transgresiones.

- Describe brevemente cuando tu ira te ha llevado a pelear con alguien, sea física o verbalmente. ¿Qué se ganó con ello?

Distracciones Fatales: Venciendo Tentaciones Destructivas

Gálatas 5:16-17

¹⁶ Digo, pues: anden por el Espíritu, y no cumplirán el deseo de la carne.

¹⁷ Porque el deseo de la carne es contra el Espíritu, y el del Espíritu es contra la carne, pues éstos se oponen el uno al otro, de manera que ustedes no pueden hacer lo que deseen.

OBSERVA

Hemos visto que el sabio maneja cuidadosamente la ira. Pero, ¿por qué resulta a menudo tan difícil controlar nuestro temperamento?

Líder: *Lee Gálatas 5:16-17 en voz alta.*
Pide al grupo que...
- *Dibuje una nube como ésta alrededor de cada mención del **Espíritu**.*
- *Dibuje un rectángulo alrededor de cada referencia a la **carne**:*

DISCUTE

- Discute lo que aprendiste acerca de la relación entre el Espíritu y la carne.

- ¿Cómo deben caminar los creyentes – comportarse como estilo de vida?

- ¿Cómo se relaciona esto con el tema de la ira?

OBSERVA

El Espíritu de Dios, que mora en cada creyente, y la carne están en continua guerra entre ellos. Ambos tienen diferentes apetitos – hay prioridades en conflicto – lo cual resulta en nuestra lucha interna.

Líder: Lee Gálatas 5:19-21, 24-25 en voz alta. Pide al grupo que...
- *dibuje una forma de nube alrededor de cada mención del **Espíritu.***
- *Dibuje un rectángulo alrededor de cada referencia a la **carne**:*
- *Marque la palabra ira con una **I**.*

DISCUTE

- ¿Qué aprendiste acerca de los arranques de ira en este pasaje?

- ¿Qué sucede con quienes practican la ira como estilo de vida?

- Si esto es cierto, entonces ¿qué lugar ocupa la ira en la vida de un creyente?

Gálatas 5:19-21, 24-25

[19] Ahora bien, las obras de la carne son evidentes, las cuales son: inmoralidad, impureza, sensualidad,

[20] idolatría, hechicería, enemistades, pleitos, celos, enojos, rivalidades, disensiones, herejías,

[21] envidias, borracheras, orgías y cosas semejantes, contra las cuales les advierto, como ya se lo he dicho antes, que los que practican tales cosas no heredarán el reino de Dios.

[24] Pues los que son de Cristo Jesús han crucificado la carne con sus pasiones y deseos.

28 | Distracciones Fatales: Venciendo Tentaciones Destructivas

²⁵ Si vivimos por el Espíritu, andemos también por el Espíritu.

- ¿Cómo podemos ganar la batalla contra la carne?

- ¿Cuál debería ser el factor principal guiando el comportamiento del creyente?

Colosenses 3:8-10

⁸ Pero ahora desechen también todo esto: ira, enojo, malicia, insultos, lenguaje ofensivo de su boca.

⁹ Dejen de mentirse los unos a los otros, puesto que han desechado al viejo hombre con sus malos hábitos,

¹⁰ y se han vestido del nuevo hombre, el cual se va renovando hacia un verdadero conocimiento, conforme a la imagen de Aquél que lo creó.

OBSERVA

Líder: Lee Colosenses 3:8-10 en voz alta.
- *Pide al grupo que diga en voz alta y marque cada referencia a **ira**, incluyendo los sinónimos con una **I**.*

DISCUTE
- Estos versículos, ¿qué instruyen al creyente a hacer en relación con la ira?

- ¿Por qué deberíamos hacer esto?

OBSERVA

"¡Yo no tengo problemas de ira!" ¿Alguna vez has escuchado a alguien decir eso? O tal vez lo hayas dicho tú. Pero, ¿cómo puedes saber si tienes un problema con la ira, o si tu respuesta frente a una situación es normal y razonable?

Líder: *Lee Salmos 55:3; Proverbios 29:22 y Oseas 7:6 en voz alta.*

- *Pide al grupo que diga en voz alta y marque cada referencia a la ira, incluyendo los sinónimos, con una* **I**.

DISCUTE

- De lo que leíste, ¿cómo resulta evidente cuando alguien tiene problemas de ira?

- ¿Ves alguna de estas características en tu propia vida? Si es así, ¿qué necesitas hacer?

Salmos 55:3

A causa de la voz del enemigo, por la opresión del impío; porque echan iniquidad sobre mí, y con furia me persiguen.

Proverbios 29:22

El hombre lleno de ira provoca rencillas, y el hombre violento abunda en transgresiones.

Oseas 7:6

Pues sus corazones son como un horno mientras se acercan a su emboscada; toda la noche duerme su ira, por la mañana arde como llamas de fuego.

Génesis 4:3-8

³ Al transcurrir el tiempo, Caín trajo al Señor una ofrenda del fruto de la tierra.

⁴ También Abel, por su parte, trajo de los primogénitos de sus ovejas y de la grasa de los mismos. El Señor miró con agrado a Abel y su ofrenda,

⁵ pero no miró con agrado a Caín y su ofrenda. Caín se enojó mucho y su semblante se demudó.

⁶ Entonces el Señor dijo a Caín: "¿Por qué estás enojado, y por qué se ha demudado tu semblante?

OBSERVA

Veamos alguien en la Biblia que tenía problemas de ira y el efecto que ésta tuvo.

Líder: *Lee Génesis 4:3-8 en voz alta. Pide al grupo que...*
- *Dibuje un rectángulo alrededor de cada referencia a **Caín**, incluyendo los pronombres.*
- *Marca se enojó con una **I**.*

DISCUTE

- ¿Qué aprendiste acerca de Caín en este pasaje?

- ¿Por qué se enojó Caín, y qué efecto tuvo su enojo en él?

- ¿Caín fue el único afectado por su ira? Explica tu respuesta.

⁷ Si haces bien, ¿no serás aceptado? Pero si no haces bien, el pecado yace a la puerta y te codicia, pero tú debes dominarlo."

⁸ Caín dijo a su hermano Abel: "Vayamos al campo." Y aconteció que cuando estaban en el campo, Caín se levantó contra su hermano Abel y lo mató.

OBSERVA

Algunas veces la ira es una respuesta normal al pecado de otra persona. Pero, ¿cómo podemos estar seguros de que estamos manejando nuestra ira apropiadamente?

Líder: Lee los siguientes pasajes en voz alta: Santiago 1:19-21, Salmos 37:8 y Efesios 4:26, 31-32.
- *Pide al grupo que diga en voz alta y marque cada referencia a **ira**, incluyendo sinónimos como **furor**, con una **I**.*

Santiago 1:19-21

¹⁹ Esto lo saben, mis amados hermanos. Pero que cada uno sea pronto para oír, tardo para hablar, tardo para la ira;

²⁰ pues la ira del hombre no obra la justicia de Dios.

Distracciones Fatales: Venciendo Tentaciones Destructivas

²¹ Por lo cual, desechando toda inmundicia y todo resto de malicia, reciban ustedes con humildad (mansedumbre) la palabra implantada, que es poderosa para salvar sus almas.

Salmos 37:8

Deja la ira y abandona el furor; no te irrites, sólo harías lo malo.

Efesios 4:26, 31-32

²⁶ Enójense, pero no pequen; no se ponga el sol sobre su enojo,

³¹ Sea quitada de ustedes toda amargura, enojo, ira, gritos, insultos, así como toda malicia.

³² Sean más bien amables unos con

DISCUTE

- Discute cómo se debe manejar la ira, según lo que acabas de leer.

- Según Santiago 1:19-21, ¿cuáles deben ser las características de un creyente?

- ¿Qué advertencia acerca de la ira encuentras en estos versículos?

- ¿Qué hay de ti? ¿Estás alcanzando la justicia de Dios?

- ¿Qué aprendes acerca de la ira en Efesios 4:26?

- ¿Cuáles son las implicaciones de la instrucción "enójense, pero no pequen"?

- En Efesios 4:31 presta atención a la progresión que comienza con la amargura. Discute la conexión entre cada reacción y la siguiente. otros, misericordiosos, perdonándose unos a otros, así como también Dios los perdonó en Cristo.

- Discute la manera en que la ira podría volverse una distracción fatal en la vida de un creyente.

- En Efesios 4:31-32 no se nos dice simplemente que dejemos de enojarnos; se nos da un plan para vencer nuestra ira. ¿Qué acciones debemos seguir para que la ira no nos domine?

- ¿Qué verdad de Efesios 4:32 nos explica el por qué la ira no debería controlar la vida de un creyente?

- ¿Cuál es la conexión entre la ira y la falta de perdón?

Distracciones Fatales: Venciendo Tentaciones Destructivas

- Discute algunas maneras prácticas para deshacerse de la ira y cultivar la bondad y el perdón.

- ¿Cómo afectaría tu relación con creyentes y no creyentes, si tú manejaras la ira apropiadamente?

Romanos 12:19

¹⁹ Amados, nunca tomen venganza ustedes mismos, sino den lugar a la ira de Dios, porque escrito está: "Mia es la venganza, Yo pagare," dice el Señor.

OBSERVA

Líder: *Lee Romanos 12:19 en voz alta.*

- *Pide al grupo que marque las palabras* **venganza** *e* **ira** *con una* **I.**

DISCUTE

- ¿Qué verdad aprendiste acerca de la ira en este versículo?

- ¿Cómo debería dirigir esto tu respuesta, cuando los demás te tratan injustamente?

FINALIZANDO

En sí misma, la ira no es un pecado. Dios se enoja ante el pecado y la injusticia, y como Su pueblo, nosotros deberíamos tener la misma reacción. La ira justa puede motivar acciones que traigan arrepentimiento y cambios necesarios. Sin embargo, mientras que Dios no condena la ira, Él sí condena los pecados que resultan de una ira mal canalizada o descontrolada.

La ira raramente es la primera emoción que sentimos frente alguna situación; al contrario, surge a partir de otros sentimientos previos motivados por algún tipo de conflicto. Por ejemplo, podrías estar decepcionado por sueños no realizados o herido por la crueldad de otra persona. Y al abrazar las emociones motivadas por estas situaciones, sin darte cuenta podrías abrirle la puerta a la ira. Lamentablemente, a menudo resulta más fácil enojarse que procurar manejar las emociones iniciales de una manera constructiva.

El problema es que la ira descontrolada nos hace daño, y le hace daño a quienes nos rodean. El apóstol Pablo exhortaba a los creyentes, "enójense, pero no pequen" (Efesios 4:26). En otras palabras, no dejes que la ira te controle. Mientras más tiempo dejes que continúe la ira, mayor será el peligro que corres de pecar y darle a Satanás una oportunidad (Efesios 4:27).

Entonces, ¿qué puedes hacer cuando sientes que la ira está tomando control? ¿Cedes ante ella y la viertes sobre aquellos que están alrededor tuyo, esperando sentirte mejor una vez que la hayas expulsado? ¿Repites, *no estoy enojado, no estoy enojado*, hasta que el sentimiento desaparece? Ninguna de éstas son soluciones para el creyente que desea caminar en el Espíritu en lugar de ser controlado por la carne. Por lo tanto, aquí hay algunos pasos prácticos para cuando sientas que la ira empieza a brotar por dentro:

1. Reconoce tu ira ante ti mismo y ante Dios.
2. Pregúntate por qué estás enojado. ¿Es este un enojo justo por el pecado, o simplemente estás molesto porque las cosas no están saliendo a tu manera?
3. Aléjate de la situación y respira profundo.
4. Pide al Espíritu de Dios que tome control y que te ayude a mantener la calma y responder apropiadamente, dejando a Él toda venganza.
5. Pide a Dios que te ayude a mostrar bondad, misericordia y perdón en vez de reaccionar a lo que sientes.*

Cuando hagas esto y dejes el resultado en manos de Dios, serás capaz de enojarte y no pecar. Así que... ¡*responde, no reacciones!*

---

* Para más información sobre este tema, recomendamos el estudio de 40 Minutos *El Perdón: Rompiendo el poder del pasado*. La ira puede ser tanto resultado como causa de la amargura. Este estudio te enseñará a liberarte de la amargura para que ya no controle tu vida.

TERCERA SEMANA

¿Qué ocurre en tu mente cuando ves a alguien con ropa nueva, un buen auto o una pareja atractiva? Y, ¿qué tal cuando otro obtiene el ascenso o trabajo al que habías aspirado? Escoger estar satisfecho con lo que Dios nos da y donde Él nos ha colocado no siempre es tan fácil como parece. Esta semana veremos los celos (o envidia), nuestra tercera distracción fatal.

DISCUTE

Líder: Inicia la lección de esta semana pidiendo a tu grupo que defina los celos.

OBSERVA

Líder: Lee Proverbios 27:4 en voz alta.
- Pide al grupo que diga en voz alta y marque la palabra **celos** con una **C**.

DISCUTE
- ¿Qué aprendiste acerca de los celos y cómo se comparan con el furor y la ira?

Proverbios 27:4

Cruel es el furor e inundación la ira; pero ¿quién se mantendrá ante los celos?

Distracciones Fatales: Venciendo Tentaciones Destructivas

Gálatas 5:19-21

¹⁹ Ahora bien, las obras de la carne son evidentes, las cuales son: inmoralidad, impureza, sensualidad,

²⁰ idolatría, hechicería, enemistades, pleitos, celos, enojos, rivalidades, disensiones, herejías,

²¹ envidias, borracheras, orgías y cosas semejantes, contra las cuales les advierto, como ya se lo he dicho antes, que los que practican tales cosas no heredarán el reino de Dios.

Romanos 13:13-14

¹³ Andemos decentemente, como de día, no en orgías y borracheras, no en promiscuidad sexual y

OBSERVA

¿Qué son los celos o la envidia? ¿Cuál es su fuente?

Líder: *Lee en voz alta Gálatas 5:19-21; Romanos 13:13-14 y Tito 3:3-5.*

- *Pide al grupo que diga en voz alta y marque cada referencia a los **celos**, incluyendo sinónimos como **envidias**, con una **C**.*

DISCUTE

- ¿Qué aprendiste acerca de los celos en estos pasajes? ¿Dónde se originan?

- ¿Qué es cierto con respecto a quienes practican las obras de la carne?

lujurias, no en pleitos y envidias.

¹⁴ Antes bien, vístanse del Señor Jesucristo, y no piensen en proveer para las lujurias de la carne.

- ¿Cómo debemos manejar la carne, según Romanos 13:14?

Tito 3:3-5

³ Porque nosotros también en otro tiempo éramos necios, desobedientes, extraviados, esclavos de deleites y placeres diversos, viviendo en malicia y envidia, aborrecibles y odiándonos unos a otros.

- ¿Cómo es posible hacerlo? (Pista: observa una vez más Tito 3:5)

⁴ Pero cuando se manifestó la bondad de Dios nuestro Salvador, y Su amor hacia la humanidad,

⁵ El nos salvó, no por las obras de justicia que

nosotros hubiéramos hecho, sino conforme a Su misericordia, por medio del lavamiento de la regeneración y la renovación por el Espíritu Santo.

ACLARACIÓN

Celos y *envidia* a menudo se usan como sinónimos para referirse al resentimiento que se siente al ver que otra persona tiene lo que uno desea. Las señales de la envidia incluyen el sentirse infeliz por el éxito de otro y deleitarse en el fracaso de otra persona.

OBSERVA

Como hemos visto anteriormente, cada distracción fatal puede conducir a otros pecados. Veamos entonces algunos de los resultados de la envidia y los celos.

Proverbios 6:34

Porque los celos enfurecen al hombre, y no perdonará en el día de la venganza.

Líder: *Lee en voz alta Proverbios 6:34; Santiago 3:13-16 y Gálatas 5:25-26.*

- *Pide al grupo que diga en voz alta y marque con una **C** cada referencia a los **celos**, incluyendo sinónimos como **envidia**.*

Santiago 3:13-16

[13] ¿Quién es sabio y entendido entre ustedes? Que muestre por su buena conducta sus obras en sabia mansedumbre.

DISCUTE
- Discute el tipo de comportamientos a los que llevan los celos.

¹⁴ Pero si tienen celos amargos y ambición personal en su corazón, no sean arrogantes y mientan así contra la verdad.

¹⁵ Esta sabiduría no es la que viene de lo alto, sino que es terrenal, natural, diabólica.

- Según Santiago 3:13-16, ¿cómo afectan los celos la manera de pensar de una persona?

16 Porque donde hay celos y ambición personal, allí hay confusión y toda cosa mala.

Gálatas 5:25-26

- Según Gálatas 5:25-26, ¿cómo afectan los celos nuestras relaciones?

²⁵ Si vivimos por el Espíritu, andemos también por el Espíritu.

²⁶ No nos hagamos vanagloriosos, provocándonos unos a otros, envidiándonos unos a otros.

| 42 | Distracciones Fatales: Venciendo Tentaciones Destructivas |

1 Samuel 18:5-16

⁵ David salía adondequiera que Saúl le enviaba, y prosperaba. Saúl lo puso sobre hombres de guerra, y esto fue agradable a los ojos de todo el pueblo y también a los ojos de los siervos de Saúl.

⁶ Y aconteció que cuando regresaban, al volver David de matar al Filisteo, las mujeres de todas las ciudades de Israel salían cantando y danzando al encuentro del rey Saúl, con panderos, con cánticos de júbilo y con instrumentos musicales.

⁷ Las mujeres cantaban mientras tocaban, y decían: "Saúl ha matado a sus miles, y David a sus diez miles."

OBSERVA

Después de la victoria de David sobre Goliat, Saúl trajo a David al palacio como comandante de su ejército.

Líder: Lee 1 Samuel 18:5-16 en voz alta.
Pide al grupo que...
- *Encierre en un círculo a ⟨David⟩ cada vez que aparezca su nombre.*
- *Dibuje un rectángulo alrededor de **Saúl** cada vez que aparezca su nombre:* ▭

DISCUTE

- Discute lo que aprendiste acerca de David y Saúl en este pasaje.

- Específicamente, ¿qué provocó los celos de Saúl?

• ¿Qué emociones demostró Saúl?	⁸ Entonces Saúl se enfureció, pues este dicho le desagradó, y dijo: "Han atribuido a David diez miles, pero a mí me han atribuido miles. ¿Y qué más le falta sino el reino?"
• ¿Los celos de Saúl, cómo afectaron su pensamiento?	⁹ De aquel día en adelante Saúl miró a David con recelo.
• ¿Qué efecto tuvieron los celos en la relación entre Saúl y David?	¹⁰ Y aconteció al día siguiente que un espíritu malo de parte de Dios se apoderó de Saúl, y éste deliraba en medio de la casa, mientras David tocaba el arpa con su mano como de costumbre. Saúl tenía la lanza en la mano,
	¹¹ y Saúl le arrojó la lanza, pues se dijo: "Clavaré a David en la

pared." Pero David lo evadió dos veces.

¹² Saúl temía a David, porque el Señor estaba con él pero El se había apartado de Saúl.

¹³ Por tanto, Saúl alejó a David de su presencia nombrándolo capitán de 1,000 hombres; y él salía y entraba al frente de la tropa.

¹⁴ David prosperaba en todos sus caminos, porque el Señor estaba con él.

¹⁵ Cuando Saúl vio que él prosperaba mucho, le tuvo temor.

¹⁶ Pero todo Israel y Judá amaba a David, porque él salía y entraba delante de ellos.

- ¿Qué aprendiste acerca de David en los versículos 12-16? ¿El que Saúl intentara asesinarlo, fue acaso un impedimento para que David honrara a Dios? Explica tu respuesta.

- Si eres víctima de los celos de otra persona, ¿cuál es tu responsabilidad?

- ¿Deberías permitir que los celos de otra persona te impidieran hacer lo que Dios te ha llamado a hacer? Explica tu respuesta.

OBSERVA

Hechos 13:16-41 nos describe a Pablo predicando un mensaje en Antioquia. La gente estaba tan interesada que pidieron escuchar más el siguiente día de reposo. Pero como leeremos en el pasaje a continuación, no todos estaban contentos con su popularidad.

Líder: *Lee Hechos 13:44-46 en voz alta. Pide al grupo que responda...*
- *Dibuje un rectángulo alrededor de cada referencia a los **judíos**, incluyendo los pronombres:* ▭
- *Marque la palabra **celos** con una **C**.*

DISCUTE

- ¿Quién se había reunido a escuchar la Palabra del Señor?

- ¿Qué aprendiste acerca de los judíos?

- ¿Por qué piensas que respondieron de esta manera?

Hechos 13:44-46

⁴⁴ El siguiente día de reposo casi toda la ciudad se reunió para oír la palabra del Señor.

⁴⁵ Pero cuando los Judíos vieron la muchedumbre, se llenaron de celo, y blasfemando, contradecían lo que Pablo decía.

⁴⁶ Entonces Pablo y Bernabé hablaron con valor y dijeron: "Era necesario que la palabra de Dios les fuera predicada primeramente a ustedes; pero ya que la rechazan y no se juzgan dignos de la vida eterna, así que ahora nos volvemos a los Gentiles".

Distracciones Fatales: Venciendo Tentaciones Destructivas

- ¿Alguna vez te has enojado por la popularidad de otra persona?

- Discute las maneras en que esos celos podrían distraerte y evitar que continúes en tu crecimiento espiritual.

Filipenses 2:1-4

¹ Por tanto, si hay algún estímulo en Cristo, si hay algún consuelo de amor, si hay alguna comunión del Espíritu, si algún afecto y compasión,

² hagan completo mi gozo, siendo del mismo sentir, conservando el mismo amor, unidos en espíritu, dedicados a un mismo propósito.

³ No hagan nada por egoísmo (rivalidad) o por vanagloria, sino que

OBSERVA

Como creyentes, ¿cómo podemos resistir la tentación a los celos o vencer la envidia cuando se apodera de nuestros pensamientos?

Líder: Lee en voz alta los siguientes pasajes. No marques nada esta vez; simplemente lee los versículos. Luego discutiremos cada pasaje y cómo se relaciona con los celos.

DISCUTE

- Lee cada uno de estos pasajes individualmente y discute cómo se relacionan con el manejo de los celos. Cada pasaje sugiere un antídoto específico para la envidia. Discute cómo se vería cada antídoto al ponerlo en práctica en tu vida.

- ¿Qué remedio encontraste en Filipenses 2:1-4, y cómo podrías aplicarlo?

con actitud humilde cada uno de ustedes considere al otro como más importante que a sí mismo,

⁴ no buscando cada uno sus propios intereses, sino más bien los intereses de los demás.

Romanos 12:10

Sean afectuosos unos con otros con amor fraternal; con honra, dándose preferencia unos a otros.

- ¿En Romanos 12:10?

Filipenses 4:11-13

¹¹ No que hable porque tenga escasez, pues he aprendido a contentarme cualquiera que sea mi situación.

¹² Sé vivir en pobreza (vivir humildemente), y sé vivir en prosperidad. En todo y por todo he

aprendido el secreto tanto de estar saciado como de tener hambre, de tener abundancia como de sufrir necesidad.

- ¿En Filipenses 4:11-13?

¹³ Todo lo puedo en Cristo que me fortalece.

Salmos 37:1-2, 7

¹ No te irrites a causa de los malhechores; No tengas envidia de los que practican la iniquidad.

- ¿En Salmos 37:1-2, 7?

² Porque como la hierba pronto se secarán Y se marchitarán como la hierba verde.

⁷ Confía callado en el Señor y espera en El con paciencia; no te irrites a causa del que prospera en su camino, por el hombre que lleva a cabo sus intrigas.

FINALIZANDO

Los celos, ese horrible monstruo de ojos verdosos, no tienen que ser una distracción para tu crecimiento espiritual. Tú puedes aprender a vencer esos sentimientos de envidia, reconocer tu propia valía a los ojos de Dios, y apreciar sinceramente a los demás.

Sin embargo, el aprender a dejar los celos es un proceso. Todos nos hemos sentido tentados a envidiar lo que otra persona tiene, pero si pudiéramos ver nuestras vidas desde la perspectiva de Dios, los celos perderían su poder. Dios nos ha escogido a nosotros. Él nos ama con amor eterno y tiene un plan para nuestras vidas (Jeremías 31:3, 29:11). Él nos dice que somos hechura Suya (Efesios 2:10) y por Su gracia somos lo que somos (1 Corintios 15:10). Los planes que Dios tiene para nosotros probablemente podrían no desarrollarse al mismo tiempo que Sus planes para otros. Y en lugar de mortificarte cuestionándote "¿Y qué de mí?" nuestro rol es ser pacientes y esperar en Dios, creyendo que Él está trabajando en Su propósito para nuestras vidas, para nuestro bien y Su gloria.

Seguramente habrás notado que cada una de las distracciones fatales que hasta ahora hemos observado – orgullo, ira y celos – están interconectadas. Cada una de ellas se arraiga en nuestras vidas cuando nos enfocamos en nosotros mismos en lugar de en Dios, creyendo que el gozo vendrá al seguir nuestros propios deseos en vez de buscar Su corazón. De hecho, escoger la independencia de Dios es la raíz de todo pecado, incluyendo también lo que veremos en las próximas tres semanas.

Si te encuentras luchando con los celos, entonces has olvidado una verdad clave del carácter de Dios:

Porque sol y escudo es el Señor Dios;
Gracia y gloria da el Señor;

*Nada bueno niega a los que
andan en integridad. (Salmos 84:11)*

Al terminar la lección de esta semana, examina de cerca tu corazón. ¿Hay alguien con quien no te gusta estar porque te sientes amenazado debido a lo que Dios le ha dado? De ser así, pide a Dios que te perdone por los celos o la envidia que estás guardando. Pídele que te ayude a encontrar satisfacción solo en Él:

*Cuán bienaventurado es aquel que Tú escoges, y acercas a Ti,
Para que more en Tus atrios.
Seremos saciados con el bien de Tu casa,
Tu santo templo. (Salmos 65:4)*

CUARTA SEMANA

Vivimos en una cultura de excesos y autocomplacencia. Diariamente somos bombardeados con publicidad que nos motiva a "agrandar" todo. Y si te descuidas, esa bebida grande que ordenaste podría ser del tamaño de un balde pequeño. Estamos tan acostumbrados a consumir más de lo suficiente que la idea de la gula como pecado parece algo arcaica. Los sermones sobre este tema son raros, e incluso los cristianos parecen creer que simplemente es algo que no se puede evitar. Pero la Biblia es clara en que la comida o bebida en exceso (sea alcohólica o no) son una señal de que algo anda mal en nuestros corazones y en nuestras vidas. Veamos qué verdades podemos descubrir acerca de la gula en esta semana.

DISCUTE
Líder: Discute brevemente la definición de gula.

OBSERVA
Como con cualquier pecado, la gula trae también sus consecuencias. Veamos los problemas que acompañan esta distracción fatal.

Líder: *Lee las siguientes referencias bíblicas en voz alta.*
- Pide al grupo que diga en voz alta y subraye con doble línea todas las referencias a **comida** y **bebida** incluyendo **comilones**, **glotón**, **bebedores** y **borracho**.

Proverbios 23:19-21

[19] Escucha, hijo mío, y sé sabio, y dirige tu corazón por el buen camino.

[20] No estés con los bebedores de vino, ni con los comilones de carne,

[21] Porque el borracho y el glotón se empobrecerán, y la vagancia se vestirá de harapos.

Proverbios 28:7

El que guarda la ley es hijo entendido, pero el que es compañero de glotones avergüenza a su padre.

Proverbios 25:16

¿Has hallado miel? Come sólo lo que necesites, no sea que te hartes y la vomites.

Deuteronomio 21:18-21

¹⁸ Si un hombre tiene un hijo terco y rebelde que no obedece a su padre ni a su madre, y aunque lo castiguen, ni aun así les hace caso,

¹⁹ el padre y la madre lo tomarán y lo llevarán fuera a los ancianos de su ciudad, a la puerta de su ciudad natal.

ACLARACIÓN

La *gula* puede definirse como una "indulgencia excesiva en comer y/o beber, un fuerte apetito por algo más allá de lo que se necesita". La gula es el resultado de demandar mayor placer de algo que no fue hecho con esa intención.

Los padres de la iglesia primitiva describieron este pecado fatal como una fijación por complacer el paladar. El propósito no era tanto el comer o beber en exceso, sino el excesivo enfoque en complacer a los sentidos; lo cual desestima la autodisciplina y quita nuestro enfoque en Dios.

DISCUTE
- ¿Qué aprendiste al marcar las referencias a comida y bebida?

- ¿Qué otros problemas de carácter tienden a acompañar la gula?

[20] Y dirán a los ancianos de la ciudad: 'Este hijo nuestro es terco y rebelde, no nos obedece, es glotón y borracho.'

[21] Entonces todos los hombres de la ciudad lo apedrearán hasta que muera. Así quitarás el mal de en medio de ti, y todo Israel oirá esto y temerá.

- Examina tu propia vida. ¿Te puedes identificar con alguna de estas Escrituras? ¿Por qué sí o por qué no?

Amós 6:4-7

⁴ Los que se acuestan en camas de marfil, se tienden sobre sus lechos, comen corderos del rebaño y terneros de en medio del establo;

⁵ Que improvisan al son del arpa, y como David han compuesto cantos para sí;

⁶ Que beben vino en tazones del altar y se ungen con los óleos más finos, pero no se lamentan por la ruina de José,

⁷ Irán por tanto ahora al destierro a la cabeza de los desterrados, y se acabarán los banquetes de los disolutos.

OBSERVA

Veamos la actitud de los glotones.

Líder: *Lee Amós 6:4-7 e Isaías 22:12-13 en voz alta.*

- *Pide al grupo que subraye con doble línea todas las referencias a comida y bebida.*

DISCUTE

- Discute el estilo de vida descrito en estos pasajes.

- Nota lo que la gente descrita en Amós 6:6 utilizaba para tomar su vino. ¿Qué revela esto acerca de su actitud?

Cuarta Semana | 55

- ¿Qué o quién parece ser su prioridad principal? Explica tu respuesta.

- Según Amós 6:7, ¿cuál es la consecuencia de sus acciones?

- ¿Qué nos dice su actitud de "comamos y bebamos, que mañana moriremos" acerca de su relación con Dios?

Isaías 22:12-13

^{12} Por eso aquel día, el Señor, Dios de los ejércitos, los llamó a llanto y a lamento, a raparse la cabeza y a vestirse de cilicio.

^{13} Sin embargo hay gozo y alegría, matanza de bueyes y degüello de ovejas. Comiendo carne y bebiendo vino, dicen: 'Comamos y bebamos, que mañana moriremos.'

ACLARACIÓN

En lugar de escuchar las advertencias de juicio de los profetas, los líderes de Israel y Judá se encontraban distraídos de buscar la justicia debido a su excesiva autocomplacencia.

Distracciones Fatales: Venciendo Tentaciones Destructivas

Isaías 5:11-12, 22-23

¹¹ ¡Ay de los que se levantan muy de mañana para ir tras la bebida, de los que trasnochan para que el vino los encienda!

¹² En sus banquetes hay lira y arpa, pandero y flauta, y vino, pero no contemplan las obras del SEÑOR, ni ven la obra de Sus manos.

²² ¡Ay de los héroes para beber vino y valientes para mezclar bebidas,

²³ Que justifican al impío por soborno Y quitan al justo su derecho!

OBSERVA

Aparentemente, el fuerte consumo de vino prevalecía en los días de Isaías. Esto se menciona en dos de los seis "ay", como se conoce a ciertas profecías de juicio.

Líder: Lee Isaías 5:11-12, 22-23 en voz alta.
Pide al grupo que...
- *encierre en un círculo cada vez que aparezca la palabra* ay.
- *Subraye con doble línea todas las referencias a* **comer** *y* **beber**.

DISCUTE

- ¿A quién están dirigidos estos "ay", y qué aprendiste de estas personas?

- Según el versículo 12, ¿de qué están distraídos?

- ¿Cómo se relaciona esto con lo que hemos visto hasta ahora acerca de la gula?

- Discute dónde podrían encontrarse ejemplos de "héroes de la bebida" en nuestra cultura actual. Por lo general, ¿cómo es visto su comportamiento?

OBSERVA

El apóstol Pablo escribió a los creyentes en Corinto acerca de la apropiada perspectiva en relación a la comida.

Líder: Lee 1 Corintios 6:12-13 y 19-20 en voz alta. Pide al grupo que...

- Encierre en un círculo cada pronombre referente a **Pablo** y a los creyentes: **me**, **su**, **ustedes**.
- Subraye con doble línea todas las referencias a la **comida**.

DISCUTE

- ¿Qué aprendiste al marcar las referencias a los creyentes?

1 Corintios 6:12-13, 19-20

[12] Todas las cosas me son lícitas, pero no todas son de provecho. Todas las cosas me son lícitas, pero yo no me dejaré dominar por ninguna.

[13] Los alimentos son para el estómago y el estómago para los alimentos, pero Dios destruirá a los dos. Sin embargo, el cuerpo no es para la fornicación, sino para el Señor, y el Señor es para el cuerpo.

| 58 | Distracciones Fatales: Venciendo Tentaciones Destructivas |

¹⁹ ¿O no saben que su cuerpo es templo del Espíritu Santo que está en ustedes, el cual tienen de Dios, y que ustedes no se pertenecen a sí mismos?

²⁰ Porque han sido comprados por un precio. Por tanto, glorifiquen a Dios en su cuerpo y en su espíritu, los cuales son de Dios.

- Discute cómo se relaciona esto con nuestro estudio sobre la gula.

- ¿Qué significa "glorificar a Dios en nuestro cuerpo"?

Génesis 25:29-34

²⁹ Un día, cuando Jacob había preparado un potaje, Esaú vino agotado del campo.

³⁰ Entonces Esaú dijo a Jacob: "Te ruego que me des a comer un poco de ese guisado rojo, pues estoy agotado." Por eso lo llamaron Edom.

OBSERVA

Esaú, el hijo mayor de Isaac, era un robusto y tenaz cazador que prefería el campo; siendo el hijo favorito de su padre.

Líder: *Lee Génesis 25:29-34 y Hebreos 12:16-17 en voz alta. Pide al grupo que...*
- *Marque cada referencia a **Esaú**, incluyendo los pronombres, con una **E**.*
- *Subraye con línea doble todas las referencias a la **comida**.*

DISCUTE

- ¿Qué aprendiste acerca de Esaú en el pasaje de Génesis?

> **ACLARACIÓN**
> La palabra *despreció* significa "algo que se considera como indigno o que tiene poco o ningún valor".

- ¿Qué valoró y qué despreció Esaú?

- ¿Qué significó lo que escogió Esaú?

- ¿Qué tiene que decir el autor de Hebreos acerca de Esaú?

³¹ "Véndeme primero tu primogenitura," le contestó Jacob.

³² "Mira, yo estoy a punto de morir," le dijo Esaú; "¿de qué me sirve, pues, la primogenitura?"

³³ "Júramelo primero," replicó Jacob. Esaú se lo juró, y vendió su primogenitura a Jacob."

³⁴ Entonces Jacob dio a Esaú pan y guisado de lentejas. El comió y bebió, se levantó y se fue. Así despreció Esaú la primogenitura.

Hebreos 12:16-17

¹⁶ Que no haya ninguna persona inmoral ni profana como Esaú, que vendió su primogenitura por una comida.

¹⁷ Porque saben que aun después, cuando quiso heredar la bendición, fue rechazado, pues no halló ocasión para el arrepentimiento, aunque la buscó con lágrimas.

- ¿Ves alguna similitud entre tu comportamiento y el de Esaú? ¿Tu deseo por comida o bebida dicta las elecciones que haces en tu vida?

1 Samuel 2:12-17

¹² Pero los hijos de Elí eran hombres indignos; no conocían al SEÑOR

¹³ ni la costumbre de los sacerdotes con el pueblo: cuando alguien ofrecía sacrificio, venía el criado del sacerdote con un tenedor de tres dientes en su mano

OBSERVA

Los hijos de Elí eran los sacerdotes más importantes en Silo. Pero, ¿cuál era la preocupación más importante en sus vidas?

Líder: *Lee 1 Samuel 2:12-17 en voz alta.*
Pide al grupo que diga en voz alta y...
- *dibuje un rectángulo alrededor de cada referencia a los hijos de **Elí**, incluyendo **sacerdotes** y **jóvenes**:*
- *subraye con doble línea cada mención a **carne**.*

ACLARACIÓN
La Ley mandaba que la grasa del animal de sacrificio debía ser quemada en el altar del Señor (Levítico 7:31). También especificaba qué porciones debían ser dadas a los sacerdotes (Deuteronomio 18:3).

DISCUTE

- Discute lo que aprendiste acerca de los hijos de Elí.

- Según el versículo 17, ¿qué hizo al pecado de los jóvenes (los hijos de Elí) tan grave delante del Señor? ¿Qué estimaron de mayor valor? ¿Qué despreciaron?

- Para que no lo pases por alto, ¿qué dictaminó el comportamiento de ellos?

mientras se cocía la carne,

14 lo introducía en la cazuela, la olla, la caldera o el caldero, y todo lo que el tenedor sacaba, lo tomaba el sacerdote para sí. Así hacían ellos en Silo con todos los Israelitas que iban allí.

15 Además, antes de quemar la grasa, el criado del sacerdote venía y decía al hombre que ofrecía el sacrificio: "Da al sacerdote carne para asar, pues no aceptará de ti carne cocida, sino solamente cruda."

16 Y si el hombre le decía: "¿Ciertamente deben quemar primero la grasa y después toma

todo lo que quieras;" él respondía: "No, sino que me la darás ahora, y si no la tomaré por la fuerza."

- A la luz de lo que has visto en la vida de Esaú y los hijos de Elí, discute cómo la gula distrae a una persona de su crecimiento espiritual.

¹⁷ El pecado de los jóvenes era muy grande delante del Señor, porque despreciaban la ofrenda del Señor.

- ¿Hay algún exceso en tu vida? ¿Estás comiendo, bebiendo y deseando más de lo que realmente necesitas? De ser así, ¿cuál es el resultado?

Romanos 13:13-14

¹³ Andemos decentemente, como de día, no en orgías y borracheras, no en promiscuidad sexual y lujurias, no en pleitos y envidias.

¹⁴ Antes bien, vístanse del Señor Jesucristo, y no piensen en proveer para las lujurias de la carne.

OBSERVA

En algunas de sus cartas a la iglesia primitiva, el apóstol Pablo les recordó a los creyentes cómo debían comportarse de tal forma que demostraran su amor y devoción por Cristo.

Líder: Lee Romanos 13:13-14 y Gálatas 5:19-21 en voz alta. Pide al grupo que...

- *Subraye con línea doble cada referencia a **borracheras**.*
- *Dibuje un rectángulo alrededor de cada referencia a **la carne**.*

DISCUTE

- Al llamar a los creyentes a comportarse apropiadamente, Pablo identificó clara y específicamente los comportamientos inapropiados. ¿Qué les advirtió que evitaran?

- ¿Qué aprendiste al marcar las referencias a la carne?

- ¿Qué aprendiste de las borracheras? ¿Qué lugar ocupan en la vida de un creyente?

- ¿Cómo se relacionan con lo que has aprendido acerca de la gula?

Gálatas 5:19-21

[19] Ahora bien, las obras de la carne son evidentes, las cuales son: inmoralidad, impureza, sensualidad,

[20] idolatría, hechicería, enemistades, pleitos, celos, enojos, rivalidades, disensiones, herejías,

[21] envidias, borracheras, orgías y cosas semejantes, contra las cuales les advierto, como ya se lo he dicho antes, que los que practican tales cosas no heredarán el reino de Dios.

Gálatas 5:22-24

²² Pero el fruto del Espíritu es amor, gozo, paz, paciencia, benignidad, bondad, fidelidad,

²³ mansedumbre, dominio propio; contra tales cosas no hay ley.

²⁴ Pues los que son de Cristo Jesús han crucificado la carne con sus pasiones y deseos.

1 Pedro 4:1-4

¹ Por tanto, puesto que Cristo ha padecido en la carne, ármense también ustedes con el mismo propósito, pues quien ha padecido en la carne ha terminado con el pecado,

OBSERVA

Dios no nos deja solos en nuestra batalla contra la gula.

Líder: Lee Gálatas 5:22-24 y 1 Pedro 4:1-4 en voz alta. Pide al grupo que...
- *encierre cada referencia a los **creyentes**, incluyendo la frase **los que son de Cristo** y el pronombre **ustedes.***
- *Subraye con línea doble todas las referencias a **borracheras** y **embriagueces.***

DISCUTE
- Discute cómo un creyente puede vencer la gula – beber y/o comer en exceso – basándote en lo que leíste en estos pasajes.

- ¿Cuáles son algunas maneras prácticas en que podrías aplicar a tu propia vida las verdades que hemos visto?

- ¿Cómo debemos ver a la carne y sus deseos?

- Según 1 Pedro 4:1-2, ¿cómo deben vivir los creyentes, y por qué? ¿Cuál es la motivación que nos guía en nuestras vidas?

- ¿Qué te advierte 1 Pedro 4:4 con respecto a qué esperar de amigos que beben y comen en exceso?

- Discute algunas maneras prácticas de responder a esas personas.

² para vivir el tiempo que le queda en la carne, ya no para las pasiones humanas, sino para la voluntad de Dios.

³ Porque el tiempo ya pasado les es suficiente para haber hecho lo que agrada a los Gentiles, habiendo andado en sensualidad, lujurias, borracheras, orgías, embriagueces, y abominables idolatrías.

⁴ Y en todo esto, se sorprenden de que ustedes no corren con ellos en el mismo desenfreno de disolución, y los insultan.

Eclesiastés 10:16-17

¹⁶ ¡Ay de ti, tierra, cuyo rey es un muchacho, y cuyos príncipes banquetean de mañana!

¹⁷ Bienaventurada tú, tierra, cuyo rey es de noble cuna y cuyos príncipes comen a su debida hora, para fortalecerse y no para embriagarse.

Proverbios 30:8-9

⁸ Aleja de mí la mentira y las palabras engañosas, no me des pobreza ni riqueza; dame a comer mi porción de pan,

⁹ No sea que me sacie y te niegue, y diga: "¿Quién es el Señor?" O que sea menesteroso y robe, y profane el nombre de mi Dios.

OBSERVA

Líder: Lee Eclesiastés 10:16-17 y Proverbios 30:8-9 en voz alta.

- *Pide al grupo que diga en voz alta y subraye con línea doble todas las referencias a comida y bebida.*

DISCUTE

- Discute los contrastes que se encuentran en cada pasaje.

- Al finalizar el tema de esta semana, consideremos cómo se aplican estos versículos a ti de manera personal. Puede que no seas un rey, pero si eres un cristiano, tu vida es un ejemplo que otros seguirán. ¿Qué aprendiste de estos versículos acerca del líder que tiene sus apetitos bajo control? ¿A cuál líder te pareces?

FINALIZANDO

Como hemos visto, la gula es un término que abarca el comer en exceso, beber demasiado o un excesivo enfoque en la comida o la bebida. La gula va más allá que simplemente tener sobrepeso. Una persona delgada también puede ser un glotón. La actitud de tu corazón determinará si has puesto como alta prioridad los "placeres de tu paladar".

El enfocarte en la comida puede afectarte físicamente. Puede resultar en enfermedades, causarte pereza—holgazanería, nublar tus sentidos e incluso reducir tu capacidad mental, haciéndote incapaz de tomar decisiones sabias. El tomar bebidas alcohólicas en exceso tendrá un profundo impacto en tus relaciones, emociones, inhibiciones y habilidad para razonar. Pero lo más importante, una equivocada prioridad en la comida o bebida de cualquier tipo puede afectarte espiritualmente e incluso ser fatal para tu crecimiento espiritual. Cuando buscas algo que no sea Dios como fuente de tu satisfacción, inevitablemente te desilusionarás. Y al ser testigos de tus elecciones, ¿a qué conclusión llegarán los demás con respecto al valor que das a tu relación con Dios?

Disfrutar de la comida y la bebida no es un pecado. Dios nos dio estos regalos para nuestro placer. Sin embargo, cuando ese placer se vuelve excesivo o nos volvemos a él buscando seguridad en vez de buscar a Dios, entonces estamos en serios problemas.

Entonces, ¿cómo evitamos o vencemos la gula? Practicando el dominio propio, el cual es parte del fruto del Espíritu (Gálatas 5:22-23). El dominio propio, o autodisciplina, significa controlar los deseos de la carne en vez de permitir que ellos nos dominen a nosotros. Pero esto no puede hacerse alejado del poder del Espíritu Santo que mora dentro de nosotros.

Esta semana pregúntate a ti mismo: *¿Por qué cosa tengo hambre y sed por encima de todo lo demás?* Si tu respuesta no es Dios ni Su Palabra, entonces necesitas urgentemente buscar Su ayuda para romper el control que ese apetito tiene sobre tu vida.

QUINTA SEMANA

Probablemente conozcas a alguien que es perezoso; que parecería que nunca llegará a ningún lado en lo profesional o personal. En todo grupo de personas parece haber al menos un individuo que se beneficia de otros sin contribuir en nada; es la persona que estará primera en la fila para recibir algún beneficio, pero que será la última en ser voluntaria para alguna tarea. Este tipo de vago o perezoso, parece muy evidente para el resto de nosotros.

Pero, ¿y qué de las maneras más sutiles en que este pecado invade nuestras vidas? Tal vez ejecutamos nuestras responsabilidades de manera descuidada, o nos hacemos los desentendidos cuando vemos una necesidad porque no queremos sacrificar nuestro tiempo libre. En la mayoría de las iglesias, se dice que el 20 por ciento de la gente hace el 80 por ciento del trabajo. Si eso es cierto, ¿qué nos revela esto acerca de las prioridades del resto de la gente? ¿Qué hay de ti? ¿Estás en peligro de distraerte de lo mejor que Dios tiene para ti, de perder tu sentido de propósito y motivación a causa de la pereza?

DISCUTE

Líder: *Comienza pidiendo a los miembros del grupo que expliquen cómo reconocen ellos la vagancia o pereza en una persona, al igual que algunas maneras en que la actitud perezosa se manifiesta en nuestra cultura actual.*

OBSERVA

Líder: *Lee en voz alta los siguientes Proverbios escritos al margen.*

- *Pide al grupo que diga en voz alta y dibuje un rectángulo alrededor de cada referencia* **al perezoso***, incluyendo sus pronombres así como el sinónimo* **alma ociosa***.*

Proverbios 6:6-11

⁶ Ve, mira la hormiga, perezoso, observa sus caminos, y sé sabio.

⁷ La cual sin tener jefe, ni oficial ni señor,

⁸ Prepara en el verano su alimento y recoge en la cosecha su sustento.

⁹ ¿Hasta cuándo, perezoso, estarás acostado? ¿Cuándo te levantarás de tu sueño?

¹⁰ "Un poco de dormir, un poco de dormitar, un poco de cruzar las manos para descansar,"

¹¹ Y vendrá tu pobreza como vagabundo, y tu necesidad como un hombre armado.

Proverbios 13:4

El alma del perezoso desea mucho, pero nada consigue, sin embargo, el alma de los diligentes queda satisfecha.

Proverbios 15:19

El camino del perezoso es como un seto de espinos, pero la senda de los rectos es una calzada.

ACLARACIÓN

La *vagancia* a menudo es caracterizada por la pereza, la falta de voluntad para trabajar, una falta de autodisciplina. La vagancia es el pecado de no hacer nada—o lo mínimo posible.

DISCUTE

- Discute el contraste que se hace en algunos de estos pasajes de las Escrituras.

- ¿Cuáles son los resultados de la pereza, como se identifica en estos versículos?

Proverbios 19:15

La pereza hace caer en profundo sueño, y el alma ociosa sufrirá hambre.

Proverbios 20:4

Desde el otoño, el perezoso no ara, así que pide durante la cosecha, pero no hay nada.

Proverbios 21:25-26

- ¿Qué caracteriza una vida de servicio diligente?

²⁵ El deseo del perezoso lo mata, porque sus manos rehúsan trabajar;

²⁶ Todo el día codicia, mientras el justo da y nada retiene.

Proverbios 26:14-16

¹⁴ Como la puerta gira sobre sus goznes, así da vueltas el perezoso en su cama.

¹⁵ El perezoso mete la mano en el plato, pero se fatiga de llevársela a la boca.

¹⁶ El perezoso es más sabio ante sus propios ojos que siete que den una respuesta discreta.

2 Tesalonicenses 3:6-11

⁶ Ahora bien, hermanos, les mandamos en el nombre de nuestro Señor Jesucristo, que se aparten de todo hermano que ande desordenadamente, y no según la doctrina que ustedes recibieron de nosotros.

⁷ Pues ustedes mismos saben cómo deben seguir nuestro ejemplo, porque no obramos de manera indisciplinada entre ustedes,

OBSERVA

Saltemos de Proverbios al Nuevo Testamento. En Tesalónica, Grecia, muchos de la iglesia local no estaban trabajando. En lugar de eso, esperaban que la iglesia se hiciera cargo de ellos. El apóstol Pablo escribió a los creyentes en esa ciudad, de parte de él, Silvano y Timoteo, advirtiéndoles acerca de los peligros de la ociosidad.

Líder: Lee 2 Tesalonicenses 3:6-11 en voz alta. Pide al grupo que...

- *encierre las palabras **hermanos** y el pronombre **ustedes**, que se refiera a **los creyentes de Tesalónica**.*
- *Dibuje una línea ondulada como ésta ᗢᗢ bajo cada **nosotros** y **nuestro** que se refiera a **Pablo, Silvano y Timoteo**.*

DISCUTE
- ¿Qué mandó Pablo a que hicieran los tesalonicenses?

| | Quinta Semana | 73 |

- ¿Qué autoridad tenía para hacerlo?

⁸ ni comimos de balde el pan de nadie, sino que con dificultad y fatiga trabajamos día y noche a fin de no ser carga a ninguno de ustedes.

- ¿Qué aprendiste acerca de Pablo, Silvano y Timoteo? ¿Qué comportamiento modelaron ellos para que sea seguido?

⁹ No porque no tengamos derecho a ello, sino para ofrecernos como modelo a ustedes a fin de que sigan nuestro ejemplo (nos imiten).

¹⁰ Porque aun cuando estábamos con ustedes les ordenábamos esto: Si alguien no quiere trabajar, que tampoco coma.

- Discute lo que aprendiste acerca de los creyentes de Tesalónica que no siguieron este ejemplo. ¿Qué impacto tuvieron sus acciones sobre los demás?

¹¹ Porque oímos que algunos entre ustedes andan desordenadamente, sin trabajar, pero andan metiéndose en todo.

Distracciones Fatales: Venciendo Tentaciones Destructivas

Lucas 19:20-26

²⁰ Y vino otro, diciendo: 'Señor, aquí está su moneda, que he tenido guardada en un pañuelo;

²¹ pues a usted le tenía miedo, porque es un hombre exigente, que recoge lo que no depositó y siega lo que no sembró.'

²² El le contestó: 'Siervo inútil, por tus propias palabras te voy a juzgar. ¿Sabías que yo soy un hombre exigente, que recojo lo que no deposité y siego lo que no sembré?

²³ Entonces, ¿por qué no pusiste mi dinero en el banco, y al volver

OBSERVA

Jesús relató una parábola para corregir la errónea creencia de que el reino de Dios aparecería inmediatamente. Dicha historia explica lo que Cristo espera de Sus seguidores mientras Él no está.

En la parábola, un hombre de familia noble dio una mina, o moneda, a cada uno de sus diez siervos y les instruyó a que "negocien con esto hasta que yo regrese". Cuando regresó, los siervos vinieron a reportar lo que habían hecho. Los dos primeros habían invertido bien; pero veamos el relato del tercer siervo.

Líder: Lee Lucas 19:20-26 en voz alta. Pide al grupo que...

- *Marque cada referencia a **dinero**, incluyendo los pronombres, con un signo de dólar como éste: $*
- *Dibuje un rectángulo alrededor de cada referencia al **siervo**, incluyendo sus pronombres.*

ACLARACIÓN

Una *mina* equivalía aproximadamente a cien días de salario para un obrero.

DISCUTE

- ¿Qué aprendiste de este siervo? ¿Cómo lo llamó su amo?

- ¿De qué era responsable el siervo según el versículo 23?

- ¿Por qué el hombre noble le quitó la mina a ese siervo y se la dio al que ya tenía 10?

- ¿Qué aprendiste acerca de las expectativas del hombre noble, y qué tiene que ver todo esto con la vagancia?

- Discute las maneras en que la pereza u ociosidad puede convertirse en una trampa para los creyentes.

yo, lo hubiera recibido con los intereses?'

[24] Y dijo a los que estaban presentes: 'Quítenle la moneda y dénsela al que tiene las diez monedas.'

[25] Ellos le dijeron: 'Señor, él ya tiene diez monedas.'

[26] Les digo, que a cualquiera que tiene, más le será dado, pero al que no tiene, aun lo que tiene se le quitará.

Proverbios 10:4-5

⁴ Pobre es el que trabaja con mano negligente, pero la mano de los diligentes enriquece.

⁵ El que recoge en el verano es hijo sabio, el que se duerme durante la siega es hijo que avergüenza.

Proverbios 22:29

¿Has visto un hombre diestro en su trabajo? Estará delante de los reyes; no estará delante de hombres sin importancia.

Proverbios 12:11, 24

¹¹ El que labra su tierra se saciará de pan, pero el que persigue lo vano carece de entendimiento...

OBSERVA

Tú puedes elegir cómo usarás tu tiempo y habilidades; pero cada decisión traerá sus consecuencias, sean éstas positivas o negativas.

Líder: Lee en voz alta los siguientes pasajes de Proverbios escritos al margen, y Eclesiastés 11:4. Pide al grupo que...

- *Dibuje un rectángulo alrededor de cada referencia a la **pereza**, incluyendo sus pronombres y sinónimos como **negligente** y **ociosidad**.*
- *Encierre en un círculo cada referencia a **los diligentes** o al **hombre diestro**.*

DISCUTE

- ¿Qué aprendiste acerca del individuo ocioso? ¿Cómo puede verse este comportamiento?

- ¿Qué aprendiste de los que trabajan duro? ¿Qué comportamientos caracterizan sus vidas?

- Según lo que has visto, ¿qué motivación tenemos para trabajar duro?

²⁴ La mano de los diligentes gobernará, pero la indolencia será sujeta a trabajos forzados.

Proverbios 28:19

- Discute las respectivas consecuencias de la ociosidad y la diligencia.

El que labra su tierra se saciará de pan, pero el que sigue propósitos vanos se llenará de pobreza.

Proverbios 31:27

- ¿Cómo describirías tu propia ética de trabajo? Explica tu respuesta.

Ella vigila la marcha de su casa, y no come el pan de la ociosidad.

Eclesiastés 11:4

El que observa el viento no siembra,
Y el que mira las nubes no siega.

- ¿Qué necesitas hacer (en caso de necesitarlo) para vencer la ociosidad en tu propia vida?

Distracciones Fatales: Venciendo Tentaciones Destructivas

Éxodo 20:9-11

⁹ "Seis días trabajarás y harás toda tu obra,

¹⁰ pero el séptimo día es día de reposo para el Señor tu Dios. No harás en él trabajo alguno, tú, ni tu hijo, ni tu hija, ni tu siervo, ni tu sierva, ni tu ganado, ni el extranjero que está contigo.

¹¹ Porque en seis días hizo el Señor los cielos y la tierra, el mar y todo lo que en ellos hay, y reposó en el séptimo día. Por tanto, el Señor bendijo el día de reposo y lo santificó.

2 Tesalonicenses 3:10-12, 14-15

¹⁰ Porque aun cuando estábamos con ustedes

OBSERVA

El trabajo es uno de los principios básicos en la conducta de un creyente. Ya desde el Éxodo podemos verlo como parte del plan de Dios para Su pueblo; e incluye muchos beneficios.

Líder: Lee Éxodo 20:9-11 y 2 Tesalonicenses 3:10-12, 14-15 en voz alta.

- *Pide al grupo que diga en voz alta y subraye cada referencia a **obra** o **trabajo**.*

DISCUTE

- ¿Qué aprendiste de estos pasajes de las Escrituras acerca del trabajo? ¿Cuáles son algunos beneficios y propósitos del trabajo?

- ¿Qué consecuencia habrá para las personas que están aptas para trabajar, pero que no desean hacerlo ni proveer para ellos mismos?

les ordenábamos esto: Si alguien no quiere trabajar, que tampoco coma.

[11] Porque oímos que algunos entre ustedes andan desordenadamente, sin trabajar, pero andan metiéndose en todo.

[12] A tales personas les ordenamos y exhortamos en el Señor Jesucristo, que trabajando tranquilamente, coman su propio pan.

- ¿Cuál es nuestra responsabilidad hacia ellos?

[13] Pero ustedes, hermanos, no se cansen de hacer el bien.

[14] Y si alguien no obedece nuestra enseñanza (la palabra) en esta carta, señalen al tal y no se asocien con él, para que se avergüence.

[15] Sin embargo, no lo tengan por enemigo, sino amonéstenlo como a un hermano.

Distracciones Fatales: Venciendo Tentaciones Destructivas

Colosenses 3:22-24

²² Siervos, obedezcan en todo a sus amos en la tierra, no para ser vistos, como los que quieren agradar a los hombres, sino con sinceridad de corazón, temiendo al Señor.

²³ Todo lo que hagan, háganlo de corazón, como para el Señor y no para los hombres,

²⁴ sabiendo que del Señor recibirán la recompensa de la herencia. Es a Cristo el Señor a quien sirven.

OBSERVA

Antes de terminar el estudio de esta semana, veremos tres versículos más. Y, de manera adicional a todo lo que hemos visto hasta ahora, ¿qué otras razones tenemos para trabajar duro? En este pasaje *esclavos* también puede traducirse como *siervos*. En nuestro contexto este pasaje se aplicaría a la relación empleador/trabajador.

Líder: *Lee Colosenses 3:22-24 en voz alta.*

- *Pide al grupo que diga en voz alta y subraye cada aparición de las palabras __para ser vistos__ y __sirven__.*

DISCUTE

- ¿Qué mandatos encontraste en estos versículos?

- ¿Qué motivo es dado para obedecer estos mandatos?

- Solo para asegurarnos que no lo pases por alto, ¿para quién trabajamos?

FINALIZANDO

Los perezosos, también descritos en las Escrituras como ociosos, procuran hacer lo menos posible y vivir del trabajo de los demás. Al igual que el animal que origina su nombre, la persona perezosa se mueve lentamente, sin importarle el completar las tareas de manera rápida o eficiente. Las personas perezosas quieren una vida fácil, sin ningún compromiso ni responsabilidad. Y la pereza resulta en toda clase de problemas; los cuales pueden incluir la pérdida de trabajo, relaciones rotas, estrés, pobreza y un excesivo enfoque en uno mismo en vez de en agradar a Dios.

Pero las señales de la pereza no siempre son tan obvias. Un espíritu de pereza también puede invadir nuestras vidas cuando encontramos excusas para no leer ni estudiar las Escrituras o cuando parecería que no podemos encontrar tiempo para participar en la obra de la iglesia local o cuando simplemente estamos demasiado cansados para orar. La pereza espiritual lleva a la ignorancia espiritual, lo cual impide madurar en las cosas del Señor.

La vagancia es una herramienta del enemigo. Él sabe que si permites que la pereza te controle, nunca te darás cuenta completamente de la esperanza y las promesas que son tuyas en Jesucristo. La buena noticia es que la pereza no tiene que convertirse en una distracción fatal. Tú puedes escoger darle la espalda a ese pecado, y ver cada tarea como una oportunidad para servir fielmente al Señor.

Dedica algún tiempo en oración esta semana, pidiéndole a Dios que te muestre cualquier área de ociosidad en tu vida. Considera las siguientes preguntas:
- *¿Espero que otros hagan lo que yo puedo hacer, proveyéndome de lo que necesito?*
- *¿Soy una persona que da o una que recibe?*
- *¿Hay algún área en mi vida espiritual donde la ociosidad haya tomado el*

control? ¿Es en la oración? ¿La lectura de mi Biblia? ¿El ministerio? ¿Qué pasos puedo dar para hacer un cambio?
- *Aparte de mi vida espiritual, ¿hay algún área de mi vida donde la ociosidad haya entrado?*

Recuerda, eres responsable por los talentos y dones espirituales que Dios te ha dado. Debes ser "un vaso para honra, santificado, útil para el Señor, preparado para toda buena obra" (2 Timoteo 2:21).

¡No te pierdas las oportunidades de hoy!

SEXTA SEMANA

Vivimos en una cultura empeñada en acumular de todo más y más; tanto así, que algunas personas alquilan bodegas para tratar de guardarlo todo. Muchos están obsesionados con tener lo último en tecnología, mientras otros están preocupados en tener el portafolio de inversiones más grande. Esta semana veremos las consecuencias de la **avaricia**, nuestra sexta y última distracción fatal.

DISCUTE

Líder: Guía el grupo a discutir las diferentes maneras en que la avaricia parecería galopar rampante por nuestra actual cultura.

OBSERVA

En las palabras de introducción de esta carta a los romanos, el apóstol Pablo describió a quienes escogen adorar las cosas en la creación en vez de al Creador.

Líder: Lee Romanos 1:28-32 en voz alta.
Pide al grupo que...
- Marque con una línea inclinada como ésta **/** las palabras **ellos**, **los** y **su**, que en este pasaje se refieran a **los incrédulos**.
- Dibuje un rectángulo alrededor de cada referencia a la **avaricia**, incluyendo los sinónimos.

Romanos 1:28-32

²⁸ Y así como ellos no tuvieron a bien reconocer a Dios, Dios los entregó a una mente depravada, para que hicieran las cosas que no convienen.

²⁹ Están llenos de toda injusticia, maldad (perversidad), avaricia y malicia, llenos de envidia, homicidios, pleitos, engaños, y malignidad. Son chismosos,

³⁰ detractores (calumniadores), aborrecedores

(enemigos) de Dios, insolentes, soberbios, jactanciosos (arrogantes), inventores de lo malo, desobedientes (rebeldes) a los padres,

³¹ sin entendimiento, indignos de confianza (desleales), sin amor, despiadados.

³² Ellos, aunque conocen el decreto de Dios que los que practican tales cosas son dignos de muerte, no sólo las hacen, sino que también dan su aprobación a los que las practican.

> **ACLARACIÓN**
> La *avaricia* es "un excesivo deseo de adquirir o poseer más de lo que uno realmente necesita". La avaricia no solo se limita a una fuerte fijación por la riqueza material, sino que también podría incluir la búsqueda de poder y posición.

DISCUTE

- De acuerdo a lo que acabas de leer, ¿cómo describe Dios al incrédulo, al que tiene la mente depravada?

- ¿Cómo se relaciona lo que viste anteriormente con la avaricia?

- ¿Qué tres palabras encontraste en torno a la avaricia en el versículo 29? ¿Qué nos indica esto sobre la seriedad de este pecado?

- Según el versículo 32, ¿cuál es el decreto de Dios para la avaricia y las otras impurezas?

- ¿Los comportamientos descritos en estos versículos, deberían ser una práctica normal en la vida de un creyente? Explica tu respuesta.

OBSERVA

En un mundo obsesionado con lo mejor y con lo más grande, ¿cuál es la perspectiva apropiada para un creyente?

Líder: Lee los siguientes versículos en voz alta.
- Pide al grupo que dibuje un rectángulo alrededor de cada referencia a la **avaricia**, incluyendo sinónimos como **pasiones**.

DISCUTE

- ¿Qué aprendiste acerca de la avaricia en estos pasajes? ¿A qué equivale, según Colosenses 3:5?

- ¿En qué manera puede considerarse a la avaricia como idolatría?

Efesios 5:3

Pero que la inmoralidad, y toda impureza o avaricia, ni siquiera se mencionen entre ustedes, como corresponde a los santos.

Colosenses 3:5-6

⁵ Por tanto, consideren los miembros de su cuerpo terrenal como muertos a la fornicación, la impureza, las pasiones, los malos deseos y la avaricia, que es idolatría.

⁶ Pues la ira de Dios vendrá sobre los hijos de desobediencia por causa de estas cosas,

1 Juan 2:15-17

¹⁵ No amen al mundo ni las cosas que están en el mundo. Si alguien ama al mundo, el amor del Padre no está en él.

¹⁶ Porque todo lo que hay en el mundo, la pasión de la carne, la pasión de los ojos, y la arrogancia de la vida (las riquezas), no proviene del Padre, sino del mundo.

• Según 1 Juan 2:16, ¿cuál es la fuente de las pasiones (sinónimo de avaricia)?

¹⁷ El mundo pasa, y también sus pasiones, pero el que hace la voluntad de Dios permanece para siempre.

• ¿Qué revelan 1 Juan 2:17 y Proverbios 23:5 sobre el resultado final de buscar tener más?

Proverbios 23:4-5

⁴ No te fatigues en adquirir riquezas, deja de pensar en ellas.

• ¿Cómo opera la avaricia, como una distracción fatal, destruyendo el crecimiento espiritual del creyente?

⁵ Cuando pones tus ojos en ella, ya no está. Porque la riqueza ciertamente se hace alas como águila que vuela hacia los cielos.

OBSERVA

¿Cómo afecta la avaricia la actitud de una persona hacia Dios y hacia los demás?

Líder: Lee en voz alta los siguientes versículos escritos al margen.
- *Pide al grupo que diga en voz alta y subraye **cada acción de los que son avaros.***

DISCUTE
- ¿Qué aprendiste de la persona avara?

- ¿Qué efecto tiene la avaricia en la relación con los demás? ¿Con Dios?

Salmos 10:3

Porque del deseo de su corazón se gloría el impío, y el codicioso maldice y desprecia al Señor.

Proverbios 22:16

El que oprime al pobre para engrandecerse, o da al rico, sólo llegará a la pobreza.

Miqueas 2:1-2

¹ ¡Ay de los que planean la iniquidad, los que traman el mal en sus camas! al clarear la mañana lo ejecutan, porque está en el poder de sus manos.

² Codician campos y se apoderan de ellos, codician casas, y las toman. Roban al dueño y a su casa, al hombre y a su heredad.

Eclesiastés 4:7-8

⁷ Entonces yo me volví y observé la vanidad bajo el sol:

⁸ Había un hombre solo, sin sucesor, que no tenía hijo ni hermano, sin embargo, no había fin a todo su trabajo. En verdad, sus ojos no se saciaban de las riquezas, y nunca se preguntó: "¿Para quién trabajo yo y privo a mi vida del placer?" También esto es vanidad y tarea penosa.

Eclesiastés 5:10-11

¹⁰ El que ama el dinero no se saciará de dinero, y el que ama la abundancia no se saciará de ganancias. También esto es vanidad.

OBSERVA

El rey Salomón tenía la reputación de ser sabio. De hecho, él escribió la mayor parte de lo que encontramos en el libro de Proverbios. Además, probablemente sea también el autor de Eclesiastés; el cual nos ofrece adicionales observaciones acerca de los resultados de la avaricia.

Líder: *Lee Eclesiastés 4:7-8 y 5:10-11 en voz alta. Pide al grupo que...*
- *Marque cada ocurrencia de **vanidad** con una V.*
- *Dibuje un signo de dólar sobre cada referencia a **riquezas** y **dinero**, incluyendo los sinónimos, de esta manera: $*

ACLARACIÓN

En este contexto, *vanidad* significa "sin valor" o "vacío, sin sentido, transitorio". Conlleva la idea de algo que no puedes llevarlo contigo.

DISCUTE
- En estos pasajes, ¿qué actitud es descrita como vanidad?

- Describe una situación en que hayas visto esto comprobado, ya sea en tu vida o en la de los demás.

> [11] Cuando aumentan los bienes, aumentan también los que los consumen. Así, pues, ¿cuál es la ventaja para sus dueños, sino verlos con sus ojos?

OBSERVA

Jesús advirtió a Sus seguidores acerca de los peligros de la avaricia.

Líder: *Lee en voz alta los siguientes versículos de Mateo, en los que Jesús está hablando.*
- *Pide al grupo que dibuje un signo de dólar sobre cada referencia a **tesoro(s)** y **riquezas.***

DISCUTE

- ¿Cómo se describen las riquezas y qué hacen, según Mateo 13:22?

> **Mateo 13:22**
>
> Y aquél en quien se sembró la semilla entre espinos, éste es el que oye la palabra, pero las preocupaciones del mundo y el engaño de las riquezas ahogan la palabra, y se queda sin fruto.

> **Mateo 16:24-26**
>
> [24] Entonces Jesús dijo a Sus discípulos: "Si alguien quiere venir en pos de Mí, niéguese a sí mismo, tome su cruz y que Me siga.

Distracciones Fatales: Venciendo Tentaciones Destructivas

²⁵ Porque el que quiera salvar su vida (su alma), la perderá; pero el que pierda su vida (su alma) por causa de Mí, la hallará.

• ¿Qué conexión hizo Jesús entre los tesoros y el corazón?

²⁶ Pues ¿qué provecho obtendrá un hombre si gana el mundo entero, pero pierde su alma? O ¿qué dará un hombre a cambio de su alma?

• ¿Cuál sería el resultado de una vida enfocada en acumular riquezas?

Mateo 6:19-21, 24

¹⁹ "No acumulen para sí tesoros en la tierra, donde la polilla y la herrumbre destruyen, y donde ladrones penetran y roban;

• Según Mateo 6:24, ¿qué tan serio es este problema para el Señor?

²⁰ sino acumulen tesoros en el cielo, donde ni la polilla ni la herrumbre destruyen, y donde ladrones no penetran ni roban;

- ¿Qué revela acerca de ti, tu actitud hacia el dinero?

OBSERVA

En el siguiente pasaje, Jesús enfatizó Su advertencia contra toda forma de avaricia relatando una parábola.

Líder: Lee Lucas 12:15-21 en voz alta. Pide al grupo que diga en voz alta y...
- *dibuje un rectángulo alrededor de la palabra* **avaricia**.
- *Subraye cada referencia al* **hombre rico**, *incluyendo sus pronombres.*

---

[21] porque donde esté tu tesoro, allí estará también tu corazón...

[24] "Nadie puede servir a dos señores; porque o aborrecerá a uno y amará al otro, o apreciará a uno y despreciará al otro. Ustedes no pueden servir a Dios y a las riquezas.

Lucas 12:15-21

[15] También les dijo: "Estén atentos y cuídense de toda forma de avaricia; porque aun cuando alguien tenga abundancia, su vida no consiste en sus bienes."

[16] Entonces les contó una parábola: "La tierra

de cierto hombre rico había producido mucho.

¹⁷ Y él pensaba dentro de sí: '¿Qué haré, ya que no tengo dónde almacenar mis cosechas?'

¹⁸ Entonces dijo: 'Esto haré: derribaré mis graneros y edificaré otros más grandes, y allí almacenaré todo mi grano y mis bienes.

¹⁹ Y diré a mi alma: alma, tienes muchos bienes depositados para muchos años; descansa, come, bebe, diviértete.'

²⁰ Pero Dios le dijo: '¡Necio! Esta misma noche te reclaman el alma; y ahora, ¿para quién será lo que has provisto?'

DISCUTE

- Las parábolas siempre tienen un tema central. ¿qué quería decir Jesús con esta parábola?

- ¿Qué lección de esta parábola puede aplicarse a tu propia vida?

OBSERVA

¿Cuál debe ser la actitud apropiada de un creyente hacia el dinero, el poder y las posesiones? Pablo respondió esta pregunta en ambas cartas a Timoteo (un hombre más joven que el apóstol estaba discipulando).

Líder: Lee 1 Timoteo 6:6-11 en voz alta.
Pide al grupo que...
- *encierre en un círculo cada vez que aparezca la palabra **nosotros**, la cual se refiere en este pasaje a los **creyentes**.*
- *Dibuje un signo de dólar sobre cada referencia a **enriquecerse**, incluyendo sinónimos como **dinero**.*

DISCUTE

- Como creyentes, ¿cuál debería ser nuestra actitud hacia la riqueza o el dinero?

1 Timoteo 6:6-11

²¹ Así es el que acumula tesoro para sí, y no es rico para con Dios."

⁶ Pero la piedad, en efecto, es un medio de gran ganancia cuando va acompañada de contentamiento.

⁷ Porque nada hemos traído al mundo, así que nada podemos sacar de él.

⁸ Y si tenemos qué comer y con qué cubrirnos, con eso estaremos contentos.

⁹ Pero los que quieren enriquecerse caen en tentación y lazo y en muchos deseos necios y dañosos que hunden a los hombres en la ruina y en la perdición.

¹⁰ Porque la raíz de todos los males es el amor al dinero, por el cual, codiciándolo algunos, se extraviaron de la fe y se torturaron con muchos dolores.

¹¹ Pero tú, oh hombre de Dios, huye de estas cosas, y sigue la justicia, la piedad, la fe, el amor, la perseverancia y la amabilidad.

- ¿Qué peligros acompañan de manera específica al amor por el dinero? Explica tu respuesta.

- Según el versículo 10, ¿cuál es la raíz de todos los males? (ten cuidado al responder esto, pues este versículo muchas veces es mal citado). ¿Cómo se relaciona esto con la avaricia?

OBSERVA

Hemos visto que la avaricia trae significativos peligros. Ahora veamos cómo podemos evitar ese obstáculo – o escapar si ya hemos sido atraídos a esta trampa.

Líder: Lee en voz alta Romanos 13:9; Hebreos 13:5; y Colosenses 3:2. Pide al grupo que...
- *encierre en un círculo cada vez que aparezcan las palabras **tu**, **te**, **ti** y **ustedes** que se refieren a los **creyentes**.*
- *Dibuje un rectángulo alrededor de cada referencia a la **avaricia**, incluyendo la palabra **codiciarás**.*

DISCUTE

- Según Romanos 13:9, ¿cuál es el mandamiento principal que deben seguir los creyentes?

- Hablando prácticamente, ¿cuáles son algunas maneras en que puedes cumplir con este mandamiento? ¿Cómo contrarrestaría esto la avaricia?

Romanos 13:9

Porque esto: "No cometerás adulterio, no matarás, no hurtarás, no codiciarás," y cualquier otro mandamiento, en estas palabras se resume: "Amarás a tu prójimo como a ti mismo."

Hebreos 13:5

Sea el carácter de ustedes sin avaricia, contentos con lo que tienen, porque El mismo ha dicho: "Nunca te dejaré ni te desampararé,"

Colosenses 3:2

Pongan la mira (la mente) en las cosas de arriba, no en las de la tierra.

- ¿Cómo podemos ser libres de toda avaricia, según Hebreos 13:5?

- ¿Con qué deberíamos estar contentos? ¿Sobre qué promesas reposa nuestro contentamiento?

- ¿Qué paso práctico podemos dar para tratar con el problema de la avaricia, según Colosenses 3:2?

- ¿Qué significa poner la mira en las cosas de arriba? ¿Cómo se vería esto en la vida de un creyente?

OBSERVA

Pablo compartió con la iglesia primitiva su apreciado secreto para resistir la atracción de la avaricia.

Líder: *Lee Filipenses 4:11-12 en voz alta.*
- *Pide al grupo que diga en voz alta y encierre en un círculo cada vez que aparezca el pronombre **mi**, y sus inferencias verbales; las cuales aquí se refieren a **Pablo**.*

DISCUTE

- ¿Qué capacitó a Pablo para poder vencer exitosamente la avaricia?

- ¿Cómo pondrías a operar este secreto en tu propia vida?

Filipenses 4:11-12

11 No que hable porque tenga escasez, pues he aprendido a contentarme cualquiera que sea mi situación.

12 Sé vivir en pobreza (vivir humildemente), y sé vivir en prosperidad. En todo y por todo he aprendido el secreto tanto de estar saciado como de tener hambre, de tener abundancia como de sufrir necesidad.

2 Corintios 9:6-11

⁶ Pero esto digo: el que siembra escasamente, escasamente también segará; y el que siembra abundantemente (con bendiciones), abundantemente (con bendiciones) también segará.

⁷ Que cada uno dé como propuso en su corazón, no de mala gana ni por obligación, porque Dios ama al que da con alegría.

⁸ Y Dios puede hacer que toda gracia abunde para ustedes, a fin de que teniendo siempre todo lo suficiente en todas las cosas, abunden para toda buena obra.

OBSERVA

Veamos un último pasaje; el cual podría ser el más práctico en cuanto a tratar con la avaricia.

Líder: Lee 2 Corintios 9:6-11 en voz alta.
Pide al grupo que...
- *subraye con línea doble cada referencia a **sembrar** y **dar**.*
- *Marque cada referencia a **Dios**, incluyendo los pronombres, con un triángulo:* △

DISCUTE
- Discute lo que aprendiste acerca de dar y el cómo se relaciona con la avaricia.

- ¿Qué aprendiste acerca de Dios con respecto al dar en este pasaje?

• ¿Cómo quiere Él que demos?	⁹ Como está escrito: "El esparció, dio a los pobres; su justicia permanece para siempre."
• ¿Qué hará Él con aquellos que tienen esta actitud?	¹⁰ Y el que suministra semilla al sembrador y pan para su alimento, suplirá y multiplicará la siembra de ustedes y aumentará la cosecha de su justicia. ¹¹ Ustedes serán enriquecidos en todo para toda liberalidad, la cual por medio de nosotros produce acción de gracias a Dios.

FINALIZANDO

Avaricia – una forma de egoísmo – es un serio problema en nuestra sociedad de hoy. La avaricia está en la raíz misma de los vergonzosos escándalos corporativos, los extravagantes salarios de los ejecutivos corporativos de compañías en quiebra, y las estafas financieras que han robado a un sinnúmero de individuos sus casas y los ahorros de toda su vida. La avaricia – y la resultante adicción al trabajo – es la responsable de llevar a muchos matrimonios a la ruptura.

Pero la avaricia no afecta tan solo al mundo; afecta también la iglesia. A menudo, la avaricia alimenta las campañas para programas, proyectos y edificios más grandes; lo cual podría opacar las necesidades de los enfermos, los pobres y los que están sufriendo. Este fenómeno se encuentra tanto en iglesias grandes como pequeñas. En ocasiones, un grupo de personas dentro de una iglesia tristemente se enfoca en guardar sus "cosas" para ellos mismos, en lugar de compartirlas con los demás. Aun cuando el liderazgo tenga una correcta perspectiva sobre el dinero, las iglesias y los ministerios se encuentran luchando porque muchos individuos se resisten a la idea de dar su dinero a la obra del Señor.

Hemos visto que Dios tiene mucho que decir sobre la avaricia. Él ha enviado advertencias a lo largo de la Biblia para protegernos de caer en la trampa del egoísmo. Pero no te equivoques: tener mucho dinero no es un pecado; y la pobreza tampoco es una virtud. La preocupación principal de Dios es que la avaricia – la búsqueda de más o el acumular lo que tenemos, sea esto mucho o poco – llevará nuestros corazones a alejarnos de Él. La avaricia es idolatría, es la adoración de los dioses del dinero, poder o posición (Colosenses 3:5).

¿Cuál es la cura para la avaricia? Dar y aprender a estar contentos (Filipenses 4:11). El dar generosamente es lo opuesto a la avaricia. Pablo exhortó a los corintios a que no sean egoístas sino dadores (2 Corintios 9). Lo que tenemos debe ser utilizado para el beneficio de los demás (2 Corintios 8:14). Los cristianos deberían ser las personas más generosas del planeta. Servimos a un Dios generoso que nos ha dado en gran abundancia y que nos ha prometido suplir todas nuestras necesidades.

Al terminar nuestro estudio, aquí hay algunas ideas de cómo puedes escoger el dar por sobre la avaricia:

- Pide a Dios que te muestre si la avaricia se ha introducido en tu vida. Si Él lo hace, determina hoy mismo hacer lo que sea necesario para destruir la avaricia antes que ella destruya tu viaje espiritual alejando tu corazón de Dios.
- La próxima vez que vayas de compras, pregúntate a ti mismo, "¿realmente necesito eso?"
- Cuando revises tu portafolio de inversiones, tu cuenta bancaria o chequera, recuerda que – independientemente a que el balance sea pequeño o grande – ese dinero es de Dios, Quien te lo dio en Su bondad y bendición.
- Pide a Dios que te muestre maneras prácticas para sembrar generosamente y dar con alegría y gozo.

Recuerda, el dar no es una carga. ¡Es un verdadero privilegio poder dar parte de la abundancia que Dios te ha dado! ¡Comienza hoy mismo!

ESTUDIOS BÍBLICOS INDUCTIVOS DE 40 MINUTOS

Esta singular serie de estudios bíblicos del equipo de enseñanza de Ministerios Precepto Internacional, aborda temas con los que luchan las mentes investigadoras; y lo hace en breves lecciones muy fáciles de entender e ideales para reuniones de grupos pequeños. Estos cursos de estudio bíblico, de la serie 40 minutos, pueden realizarse siguiendo cualquier orden. Sin embargo, a continuación te mostramos una posible secuencia a seguir:

¿Cómo Sabes que Dios es Tu Padre?

Muchos dicen: "Soy cristiano"; pero, ¿cómo pueden saber si Dios realmente es su Padre—y si el cielo será su futuro hogar? La epístola de 1 Juan fue escrita con este propósito—que tú puedas saber si realmente tienes la vida eterna. Éste es un esclarecedor estudio que te sacará de la oscuridad y abrirá tu entendimiento hacia esta importante verdad bíblica.

Cómo Tener una Relación Genuina con Dios

A quienes tengan el deseo de conocer a Dios y relacionarse con Él de forma significativa, Ministerios Precepto abre la Biblia para mostrarles el camino a la salvación. Por medio de un profundo análisis de ciertos pasajes bíblicos cruciales, este esclarecedor estudio se enfoca en dónde nos encontramos con respecto a Dios, cómo es que el pecado evita que lo conozcamos y cómo Cristo puso un puente sobre aquel abismo que existe entre los hombres y su Señor.

Ser un Discípulo: Considerando Su Verdadero Costo

Jesús llamó a Sus seguidores a ser discípulos. Pero el discipulado viene con un costo y un compromiso incluido. Este estudio da una mirada inductiva a cómo la Biblia describe al discípulo, establece las características de un seguidor de Cristo e invita a los estudiantes a aceptar Su desafío, para luego disfrutar de las eternas bendiciones del discipulado.

¿Vives lo que Dices?

Este estudio inductivo de Efesios 4 y 5, está diseñado para ayudar a los estudiantes a que vean, por sí mismos, lo que Dios dice respecto al estilo de vida de un verdadero creyente en Cristo. Este estudio los capacitará para vivir de una manera digna de su llamamiento; con la meta final de desarrollar un andar diario con Dios, caracterizado por la madurez, la semejanza a Cristo y la paz.

Viviendo Una Vida de Verdadera Adoración

La adoración es uno de los temas del cristianismo peor entendidos; y este estudio explora lo que la Biblia dice acerca de la adoración: ¿qué es? ¿Cuándo sucede? ¿Dónde ocurre? ¿Se basa en las emociones? ¿Se limita solamente a los domingos en la iglesia? ¿Impacta la forma en que sirves al Señor? Para éstas, y más preguntas, este estudio nos ofrece respuestas bíblicas novedosas.

Descubriendo lo que Nos Espera en el Futuro

Con todo lo que está ocurriendo en el mundo, las personas no pueden evitar cuestionarse respecto a lo que nos espera en el futuro. ¿Habrá paz alguna vez en la tierra? ¿Cuánto tiempo vivirá el mundo bajo la amenaza del terrorismo? ¿Hay un horizonte con un solo gobernante mundial? Esta fácil guía de estudio conduce a los lectores a través del importante libro de Daniel; libro en el que se establece el plan de Dios para el futuro.

Cómo Tomar Decisiones Que No Lamentarás

Cada día nos enfrentamos a innumerables decisiones; y algunas de ellas pueden cambiar el curso de nuestras vidas para siempre. Entonces, ¿a dónde acudes en busca de dirección? ¿Qué debemos hacer cuando nos enfrentamos a una tentación? Este breve estudio te brindará una práctica y valiosa guía, al explorar el papel que tiene la Escritura y el Espíritu Santo en nuestra toma de decisiones.

Dinero y Posesiones: La Búsqueda del Contentamiento

Nuestra actitud hacia el dinero y las posesiones reflejará la calidad de nuestra relación con Dios. Y, de acuerdo con las Escrituras, nuestra visión del dinero nos muestra dónde está descansando nuestro verdadero amor. En este estudio, los lectores escudriñarán las Escrituras para aprender de dónde proviene el dinero, cómo se supone que debemos manejarlo y cómo vivir una vida abundante, sin importar su actual situación financiera.

Cómo puede un Hombre Controlar Sus Pensamientos, Deseos y Pasiones

Este estudio capacita a los hombres con la poderosa verdad de que Dios ha provisto todo lo necesario para resistir la tentación; y lo hace, a través de ejemplos de hombres en las Escrituras, algunos de los cuales cayeron en pecado y otros que se mantuvieron firmes. Aprende cómo escoger el camino de pureza, para tener la plena confianza de que, a través del poder del Espíritu Santo y la Palabra de Dios, podrás estar algún día puro e irreprensible delante de Dios.

Viviendo Victoriosamente en Tiempos de Dificultad

Vivimos en un mundo decadente, poblado por gente sin rumbo, y no podemos escaparnos de la adversidad y el dolor. Sin embargo, y por alguna razón, los difíciles tiempos que se viven actualmente son parte del plan de Dios y sirven para Sus propósitos. Este valioso estudio ayuda a los lectores a descubrir cómo glorificar a Dios en medio del dolor; al tiempo que aprenden cómo encontrar gozo aún cuando la vida parezca injusta, y a conocer la paz que viene al confiar en el Único que puede brindar la fuerza necesaria en medio de nuestra debilidad.

Edificando un Matrimonio que en Verdad Funcione

Dios diseñó el matrimonio para que fuera una relación satisfactoria y realizadora; creando a hombres y mujeres para que ellos—juntos y como una sola carne—pudieran reflejar Su amor por el mundo. El matrimonio, cuando es vivido como Dios lo planeó, nos completa, nos trae gozo y da a nuestras vidas un fresco significado. En este estudio, los lectores examinarán el diseño de Dios para el matrimonio y aprenderán cómo establecer y mantener el tipo de matrimonio que trae gozo duradero.

El Perdón: Rompiendo el Poder del Pasado

El perdón puede ser un concepto abrumador, sobre todo para quienes llevan consigo profundas heridas provocadas por difíciles situaciones de su pasado. En este estudio innovador, obtendrás esclarecedores conceptos del perdón de Dios para contigo, aprenderás cómo responder a aquellos que te han tratado injustamente, y descubrirás cómo la decisión de perdonar rompe las cadenas del doloroso pasado y te impulsa hacia un gozoso futuro.

Elementos Básicos de la Oración Efectiva

Esta perspectiva general de la oración te guiará a una vida de oración con más fervor a medida que aprendes lo que Dios espera de tus oraciones y qué puedes esperar de Él. Un detallado examen del Padre Nuestro, y de algunos importantes principios obtenidos de ejemplos de oraciones a través de la Biblia, te desafiarán a un mayor entendimiento de la voluntad de Dios, Sus caminos y Su amor por ti mientras experimentas lo que significa verdaderamente el acercarse a Dios en oración.

Cómo se Hace un Líder al Estilo de Dios

¿Qué espera Dios de quienes Él coloca en lugares de autoridad? ¿Qué características marcan al verdadero líder efectivo? ¿Cómo puedes ser el líder que Dios te ha llamado a ser? Encontrarás las respuestas a éstas, y otras preguntas, en este poderoso estudio de cuatro importantes líderes de Israel—Elí, Samuel, Saúl y David—cuyas vidas señalan principios que necesitamos conocer como líderes en nuestros hogares, en nuestras comunidades, en nuestras iglesias y finalmente en nuestro mundo.

¿Qué Dice la Biblia Acerca del Sexo?

Nuestra cultura está saturada de sexo, pero muy pocos tienen una idea clara de lo que Dios dice acerca de este tema. En contraste a la creencia popular, Dios no se opone al sexo; únicamente, a su mal uso. Al aprender acerca de las barreras o límites que Él ha diseñado para proteger este regalo, te capacitarás para enfrentar las mentiras del mundo y aprender que Dios quiere lo mejor para ti.

Principios Clave para el Ayuno Bíblico

La disciplina espiritual del ayuno se remonta a la antigüedad. Sin embargo, el propósito y naturaleza de esta práctica a menudo es malentendida. Este vigorizante estudio explica por qué el ayuno es importante en la vida del creyente promedio, resalta principios bíblicos para el ayuno efectivo, y muestra cómo esta poderosa disciplina lleva a una conexión más profunda con Dios.

Entendiendo los Dones Espirituales

¿Qué son Dones Espirituales?
El tema de los dones espirituales podría parecer complicado: ¿Quién

tiene dones espirituales – "las personas espirituales" o todo el mundo? ¿Qué son dones espirituales?

Entender los Dones Espirituales te lleva directamente a la Palabra de Dios para descubrir las respuestas del Mismo que otorga el don. A medida que profundizas en los pasajes bíblicos acerca del diseño de Dios para cada uno de nosotros, descubrirás que los dones espirituales no son complicados – pero sí cambian vidas.

Descubrirás lo que son los dones espirituales, de dónde vienen, quiénes los tienen, cómo se reciben y cómo obran dentro de la iglesia. A medida que estudias, tendrás una nueva visión de cómo puedes usar los dones dados por Dios para traer esperanza a tu hogar, tu iglesia y a un mundo herido.

Viviendo Como que le Perteneces a Dios

¿Pueden otros ver que le perteneces a Dios?
Dios nos llama a una vida de gozo, obediencia y confianza. Él nos llama a ser diferentes de quienes nos rodean. Él nos llama a ser santos.

En este enriquecedor estudio, descubrirás que la santidad no es un estándar arbitrario dentro de la iglesia actual o un objetivo inalcanzable de perfección intachable. La santidad se trata de agradar a Dios – vivir de tal manera que sea claro que le perteneces a Él. La santidad es lo que te hace único como un creyente de Jesucristo.

Ven a explorar la belleza de vivir en santidad y ver por qué la verdadera santidad y verdadera felicidad siempre van de la mano.

Amando a Dios y a los demás

¿Qué quiere realmente Dios de ti?
Es fácil confundirse acerca de cómo agradar a Dios. Un maestro de Biblia te da una larga lista de mandatos que debes guardar. El siguiente te dice que solo la gracia importa. ¿Quién está en lo correcto?

Hace siglos, en respuesta a esta pregunta, Jesús simplificó todas las reglas y regulaciones de la Ley en dos grandes mandamientos: amar a Dios y a tu prójimo.

Amar a Dios y a los demás estudia cómo estos dos mandamientos definen el corazón de la fe Cristiana. Mientras descansas en el conocimiento de lo que Dios te ha llamado a hacer, serás desafiado a vivir estos mandamientos – y descubrir cómo obedecer los simples mandatos de Jesús transformarán no solo tu vida sino también las vidas de los que te rodean.

Liberándose del Temor

La vida está llena de todo tipo de temores que pueden asaltar tu mente, perturbar tu alma y traer estrés incalculable. Pero no tienes que permanecer cautivo a tus temores.

En este estudio de seis semanas aprenderás cómo confrontar tus circunstancias con fortaleza y coraje mientras vives en el temor del Señor – el temor que conquista todo temor y te libera para vivir en fe.

El Poder de Conocer a Dios

Puede que sepas acerca de Dios, pero ¿realmente sabes lo que Él dice acerca de Sí mismo – y lo que Él quiere de ti?

Este estudio esclarecedor te ayudará a ganar un verdadero entendimiento del carácter de Dios y Sus caminos. Mientras descubres por ti mismo quién es Él, serás llevado hacia una relación más profunda y personal con el Dios del universo – una relación que te permitirá mostrar confiadamente Su fuerza en las circunstancias más difíciles de la vida.

Guerra Espiritual: Venciendo al Enemigo

¿Estás preparado para la batalla?
Ya sea que te des cuenta o no, vives en medio de una lucha Espiritual. Tu enemigo, el diablo, es peligroso, destructivo y está determinado a alejarte de servir de manera efectiva a Dios. Para poder defenderte a ti mismo de sus ataques, necesitas conocer cómo opera el enemigo. A través de este estudio de seis semanas, obtendrás un completo conocimiento de las tácticas e insidias del enemigo. Mientras descubres la verdad acerca de Satanás – incluyendo los límites de su poder – estarás equipado a permanecer firme contra sus ataques y a desarrollar una estrategia para vivir diariamente en victoria.

Volviendo Tu Corazón Hacia Dios

Descubre lo que realmente significa ser bendecido
En el Sermón del Monte, Jesús identificó actitudes que traen el favor de Dios: llorar sobre el pecado, demostrar mansedumbre, mostrar misericordia, cultivar la paz y más. Algunas de estas frases se han vuelto tan familiares que hemos perdido el sentido de su significado. En este poderoso estudio, obtendrás un fresco entendimiento de lo que significa alinear tu vida con las prioridades de Dios. Redescubrirás por qué la palabra bendecido significa caminar en la plenitud y satisfacción de Dios, sin importar tus circunstancias. A medida que miras de cerca el significado detrás de cada una de las Bienaventuranzas, verás cómo estas verdades dan forma a tus decisiones cada día – y te acercan más al corazón de Dios.

Acerca De Ministerios Precepto Internacional

Ministerios Precepto Internacional fue levantado por Dios para el solo propósito de establecer a las personas en la Palabra de Dios para producir reverencia a Él. Sirve como un brazo de la iglesia sin ser parte de una denominación. Dios ha permitido a Precepto alcanzar más allá de las líneas denominacionales sin comprometer las verdades de Su Palabra inerrante. Nosotros creemos que cada palabra de la Biblia fue inspirada y dada al hombre como todo lo que necesita para alcanzar la madurez y estar completamente equipado para toda buena obra de la vida. Este ministerio no busca imponer sus doctrinas en los demás, sino dirigir a las personas al Maestro mismo, Quien guía y lidera mediante Su Espíritu a la verdad a través de un estudio sistemático de Su Palabra. El ministerio produce una variedad de estudios bíblicos e imparte conferencias y Talleres Intensivos de entrenamiento diseñados para establecer a los asistentes en la Palabra a través del Estudio Bíblico Inductivo.

Jack Arthur y su esposa, Kay, fundaron Ministerios Precepto en 1970. Kay y el equipo de escritores del ministerio producen estudios **Precepto sobre Precepto,** Estudios **In & Out**, estudios de la **serie Señor**, estudios de la **Nueva serie de Estudio Inductivo**, estudios **40 Minutos** y **Estudio Inductivo de la Biblia Descubre por ti mismo para niños.** A partir de años de estudio diligente y experiencia enseñando, Kay y el equipo han desarrollado estos cursos inductivos únicos que son utilizados en cerca de 185 países en 70 idiomas.

Movilizando

Estamos movilizando un grupo de creyentes que "manejan bien la Palabra de Dios" y quieren utilizar sus dones espirituales y talentos para alcanzar 10 millones más de personas con el estudio bíblico inductivo.

Si compartes nuestra pasión por establecer a las personas en la Palabra de Dios, te invitamos a leer más. Visita **www.precept.org/Mobilize** para más información detallada.

Respondiendo Al Llamado

Ahora que has estudiado y considerado en oración las escrituras, ¿hay algo nuevo que debas creer o hacer, o te movió a hacer algún cambio en

tu vida? Es una de las muchas cosas maravillosas y sobrenaturales que resultan de estar en Su Palabra – Dios nos habla.
En Ministerios Precepto Internacional, creemos que hemos escuchado a Dios hablar acerca de nuestro rol en la Gran Comisión. Él nos ha dicho en Su Palabra que hagamos discípulos enseñando a las personas cómo estudiar Su Palabra. Planeamos alcanzar 10 millones más de personas con el Estudio Bíblico Inductivo.

Si compartes nuestra pasión por establecer a las personas en la Palabra de Dios, ¡te invitamos a que te unas a nosotros! ¿Considerarías en oración aportar mensualmente al ministerio? Si ofrendas en línea en **www.precept.org/ATC**, ahorramos gastos administrativos para que tus dólares alcancen a más gente. Si aportas mensualmente como una ofrenda mensual, menos dólares van a gastos administrativos y más van al ministerio.
Por favor ora acerca de cómo el Señor te podría guiar a responder el llamado.

COMPRA CON PROPÓSITO

Cuando compras libros, estudios, audio y video, por favor cómpralos de Ministerios Precepto a través de nuestra tienda en línea (**http://store.precept.org/**) o en la oficina de Precepto en tu país. Sabemos que podrías encontrar algunos de estos materiales a menor precio en tiendas con fines de lucro, pero cuando compras a través de nosotros, las ganancias apoyan el trabajo que hacemos:

• Desarrollar más estudios bíblicos inductivos
• Traducir más estudios en otros idiomas
• Apoyar los esfuerzos en 185 países
• Alcanzar millones diariamente a través de la radio y televisión
• Entrenar pastores y líderes de estudios bíblicos alrededor del mundo
• Desarrollar estudios inductivos para niños para comenzar su viaje con Dios
• Equipar a las personas de todas las edades con las habilidades es estudio bíblico que transforma vidas

Cuando compras en Precepto, ¡ayudas a establecer a las personas en la Palabra de Dios!

www.ingramcontent.com/pod-product-compliance
Lightning Source LLC
Chambersburg PA
CBHW071310060426
42444CB00034B/1757